DAY by DAY

下飛機Day by Day ✈ 愛上

作者◎飄兒 ／ 協力攝影◎小V

京・阪・神・奈

二寧坂

太雅

CONTENTS

Close Up! 特輯放大鏡

路線地圖看這裡

作者序

　　小時候非常喜歡看宮本武藏、《源氏物語》等日本文學，這些作品的背景總跟京阪脫不了關係，也埋下了想造訪關西的小小種子。有次跟家人提到想去關西看看時，他們半開玩笑地說著，那裡盡是古蹟、寺廟，如此充滿人文史地的地方，我肯定待不了半天便覺得無聊。就這樣，想到京阪這小小的願望便一直埋藏心中，直到出社會後終於有能力踏上這片嚮往許久的土地，京都古色古香的巷弄、大阪充滿活力的庶民文化、神戶優雅的異國風情、奈良純樸而悠閒的古風，都在在地吸引我，短短一週的小旅行，便已深陷其中而不可自拔。

　　記得一個夏季的午後在祇園散步，不敵京都暑氣之下，我鑽進小巷弄一間不起眼的小店，沒想到這樣的小店，裡面竟然別有一片天，和風拉門將用餐空間一間間隔開，為客人製造了隱密的私人環境，氣質的老闆娘穿著和服將我引領至一張日式木桌坐下，透明落地窗連接的是典雅的庭園美景，此刻好像所有煩惱都被隔絕在屋外，心情平靜的不可思議，不知不覺便在這裡待了一個下午，或許就是從這時開始我就與關西結下不解之緣。

關西獨一無二的魅力令我著迷，一回神我又回到了這裡，帶著鏡頭與電腦，開始記錄我在這裡遇到的一切。細緻的料理、寧靜的小角落、騎著自行車穿梭大街小巷的自在、可愛又熱情的人們……希望透過我的文字與攝影能跟大家分享我所愛的京阪神奈，一個值得細細品味的好地方。

在這裡想特別感謝一路支持我的另一半、好友們。感謝在日本待我如家人的小百合一家人，謝謝所有在日本遇到的每一個你，沒有你們對於這個城市的熱情，也不會有這本書。誠摯感謝太雅的主編與編輯的協助。最後感謝我的讀者們，很高興能夠為你們獻上我與關西的邂逅，希望這本書能夠幫助你們在京阪神奈的旅行更容易，也祝你們在旅途中能找到旅行帶給你們的感動。

關於作者

飄兒，人氣破億旅遊資訊網站「Bring You」編輯，曾任《旅報》特派記者，撰有東京、關西、歐洲、美加、東南亞等地旅遊攻略，擅長自助旅行行程安排，沉迷於日本文化與美食天堂而不可自拔，夢想走遍世界，沉迷於日本文化與美食天堂而不可自拔，最愛京都古建築散發出那饒富禪味的寧靜氛圍，常常在一個庭園一待便是半天而不自覺。

夢想走遍世界，認為每座城市就像一個萬花筒般充滿了神祕與未知，每次到訪都有新的驚喜與樂趣，現在實行著以月為單位的旅行，更深入的走訪城市中大小巷弄，尋找書上沒有的故事，學習以當地人的方式生活。

網站：tw.bring-you.info

關西交通地圖

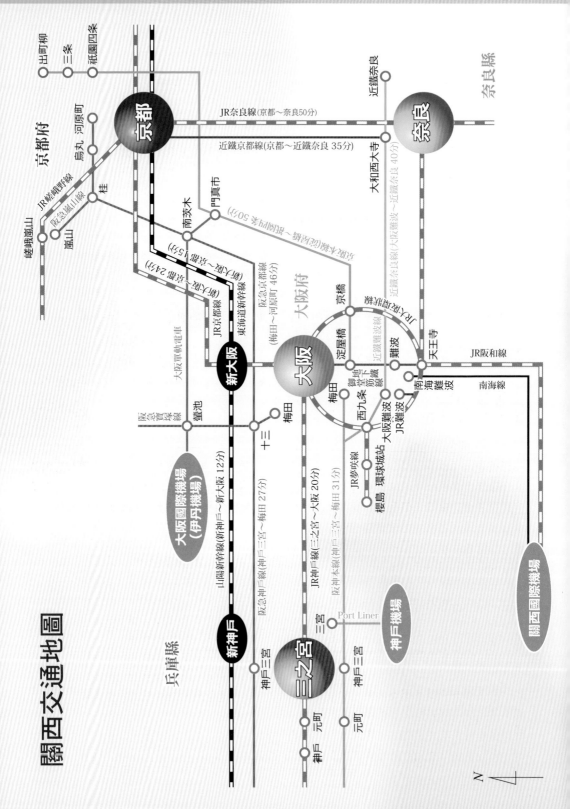

臺灣太雅出版
編輯室提醒

太雅旅遊書提供地圖，讓旅行更便利

地圖採兩種形式：紙本地圖或電子地圖，若是提供紙本地圖，會直接繪製在書上，並無另附電子地圖；若採用電子地圖，則將書中介紹的景點、店家、餐廳、飯店，標示於Google Map，並提供地圖QR code供讀者快速掃描、確認位置，還可結合手機上路線規畫、導航功能，安心前往目的地。

提醒您，若使用本書提供的電子地圖，出發前請先下載成離線地圖，或事先印出，避免旅途中發生網路不穩定或無網路狀態。

出發前，請記得利用書上提供的通訊方式再一次確認

每一個城市都是有生命的，會隨著時間不斷成長，「改變」於是成為不可避免的常態，雖然本書的作者與編輯已經盡力，讓書中呈現最新的資訊，但是，仍請讀者利用作者提供的通訊方式，再次確認相關訊息。因應流行性傳染病疫情，商家可能歇業或調整營業時間，出發前請先行確認。

資訊不代表對服務品質的背書

本書作者所提供的飯店、餐廳、商店等等資訊，是作者個人經歷或採訪獲得的資訊，本書作者盡力介紹有特色與價值的旅遊資訊，但是過去有讀者因為店家或機構服務態度不佳，而產生對作者的誤解。敝社申明，「服務」是一種「人為」，作者無法為所有服務生或任何機構的職員背書他們的品行，甚或是費用與服務內容也會隨時間調動，所以，因時因地因人，可能會與作者的體會不同，這也是旅行的特質。

新版與舊版

太雅旅遊書中銷售穩定的書籍，會不斷修訂再版，修訂時，還區隔紙本與網路資訊的特性，在知識性、消費性、實用性、體驗性做不同比例的調整，太雅編輯部會不斷更新我們的策略，並在此園地說明。您也可以追蹤太雅IG跟上我們改變的腳步。

⊙ taiya.travel.club

票價震盪現象

越受歡迎的觀光城市，參觀門票和交通票券的價格，越容易調漲，特別Covid-19疫情後全球通膨影響，若出現跟書中的價格有落差，請以平常心接受。

謝謝眾多讀者的來信

過去太雅旅遊書，透過非常多讀者的來信，得知更多的資訊，甚至幫忙修訂，非常感謝大家的熱心與愛好旅遊的熱情。歡迎讀者將所知道的變動訊息，善用我們的「線上回函」或直接寄到taiya@morningstar.com.tw，讓華文旅遊者在世界成為彼此的幫助。

位於日本關西的京都、大阪、神戶、奈良，無論是千年古剎、古樸街道，亦或在地美食、購物鬧區，各城市都充滿著讓人想一訪再訪的獨特魅力。跟著本書Day by Day，免去規畫行程的煩惱，就可輕鬆暢遊4座城市，滿載而歸。

一日行程特色

各路線地圖

該天路線的周邊地圖，讓你按圖索驥不迷路。附有交通對策／乘車簡圖，使你對行程交通更有概念。

遊玩鐵則

提供作者經驗分享與提醒。

一日路線安排

提供遊玩順序、交通串連、停留時間。附一日花費小 Tips，幫你做好預算不超支。

時間軸順序

直接用時間安排各大景點的遊玩順序，間或穿插更多特色景點或店家，擴大旅程豐富度。

豆知識 / 飲食豆知識

告訴你日本飲食、文化、器具等背後的歷史典故與小趣味。

京阪神奈住宿情報

豆知識

飲食豆知識

神戶牛

住宿推薦

解析住宿地點、類型、價位等級等。

特級放大鏡

深度介紹當地習俗、特色街區或美食。

同場加映順遊

當日路線以外的推薦景點，提供更多旅遊選擇。

旅遊工具箱

簽證、氣候、網路、交通、稅制等實用資訊。

內文資訊符號

- ✉ 地址
- ☎ 電話
- ⏰ 營業・開放時間
- ⁉ 注意事項
- WiFi WiFi
- $ 價格・費用
- 🚌 前往方法
- http 網址
- Map 地圖頁面

地圖資訊符號

- 建議路線順序
- ● 地標
- 🚃 鐵道車站
- 101 日本道路號誌
- 📷 景點
- 京都地下鐵車站
- 🚌 巴士站
- 1 日本道路號誌
- 🍴 美食
- ⊖ 大阪地下鐵車站
- 橋
- 惠美須東 日本道路標誌
- 🛍 購物
- 神戶地下鐵車站
- 港
- ▬ 鐵道

美味特搜

品嘗幸福人氣美食

推薦店家
◎ 総本家 ゆどうふ 奥丹，P.57

豆腐料理

京都的美食名菜之一，豆腐被做成湯豆腐、湯葉豆腐、烤豆腐等變化多端的菜色。

推薦店家
◎ じき宮ざわ，P.64

京懷石

將食材原味極致發揮的細緻料理，享用京懷石可是視覺與味覺的雙重享受，雖然門檻高，但中餐時間的價格都是可負擔得起的喔！

推薦店家
◎ 茶寮都路里，P.38

京都甜點

抹茶聖代、糰子、蕨餅、刨冰、蛋糕，京都有許多以日本食材製作的美味甜點，無論在地人或觀光客都難抵它們的誘惑。

推薦店家
◎ Café冨月，P.39

町家咖啡廳

傳統町家建築散發的幽靜與復古氛圍，坐下來吃個甜點，喝杯咖啡，感受不一樣的用餐氣氛！

推薦店家
◎ 打田漬物，P.66

京漬物

京都著名的漬物，以日本優質蔬菜醃製而成，其中又以「千枚漬」最受歡迎，於各大百貨與地下街皆可買到。

大阪地區 2

推薦店家
● きじ，P.122

大阪燒

來到大阪怎能不吃大阪燒呢？將蔬菜、肉、魚和貝類等食材與調好的大阪燒麵糊攪拌在一起於鐵板上煎，最後加上調味料，各家味道都不一樣！

推薦店家
● たこ燒十八番，P.108

章魚燒

一口入的章魚燒，是大阪最具代表性的麵糊小吃，每間店的特色大不同，不妨都試試看。

推薦店家
● 八重勝，P.109

串炸

大阪代表性的平民美食，裹上麵粉糊、炸得熱騰騰的肉餡與蔬菜，吃來酥脆可口。

神戶地區 3

神戶牛

極具盛名的神戶牛是日本三大和牛之一，那美麗的大理石紋理與柔軟多汁的口感令人垂涎三尺！

推薦店家
● モーリヤ 本店，P.141

伴手禮推薦
送禮自用兩相宜

推薦店家
◉ 優佳雅よーじや，P.41

推薦店家
◉ 京極井和井，P.56

美妝品 1

京都超火的商品，絕對少不了在地的美妝品品牌，其中又以有著舞妓圖案的「優佳雅」最有名，其吸油面紙和保養品相當受到女性的歡迎。

和風雜貨 2

京都有許多結合復古元素打造出的時尚和風小物，無論是包包、文具或襪子都相當有質感。

推薦店家
◉ 老松，P.80

和菓子 3

有著精美造型與用色的和菓子，從當季形狀與色澤可以感受出季節，每個和菓子都如同藝術品般美麗。

推薦店家

🌸 伊藤久右衛門，P.92

宇治茶 4

宇治茶以高品質聞名，是日本三
大茶之一，無論是抹茶、煎茶、
玄米茶，或是較為高級的玉露都
是很好的伴手禮選擇。

推薦店家

🌸 神戶風月堂，P.147

法蘭酥 5

酥脆的圓形煎餅中間夾著爽口的
奶油，是神戶的代表性商品。

神戶起司蛋糕 6

深受西方影響的神戶，有著甜點之都的
美稱，而神戶的起司蛋糕吃來香濃滑
順，入口後融化的幸福感，讓人忍不住
食指大動。

推薦店家

🌸 KONDITOREI KOBE，關西機場
各大伴手禮商店可購入

賞櫻看楓
不容錯過的美景

　　3月下旬～4月中旬是櫻花季，櫻花伴著古都寺廟的意境，倒映在河川上，一眼望去，是整片粉紅的風情步道；而11月上旬～12月上旬的楓葉季，則有夜間如夢似幻的楓葉庭園、古城護城河畔的那抹楓紅，都是來關西不可錯過的美景。

圓山公園

　　位於祇園八阪神社與東山知恩院之間的圓山公園，裡面種植了約850棵櫻花樹，品種多為染井吉野櫻，而公園的招牌「圓山夜櫻」是一棵高達12公尺的紅八重枝垂櫻，巨大的櫻花樹在夜裡非常有震撼力，可說是全日本最有名的賞櫻景點之一。 Map P.40

平安神宮

　　平安神宮的庭園裡有3百多株櫻花，南神苑整片枝垂櫻如粉櫻蓋天，而東神苑則有紅色八重枝垂櫻，櫻花倒映在池上的景致相當秀麗。 Map P.52

哲學之道
傾斜鐵道

　　從銀閣寺到南禪寺這一段的哲學之道，沿途可欣賞水道兩旁，櫻花倒映在水中的雅致美景，不過這裡是京都櫻花季人潮的聚集地，建議喜歡悠閒賞櫻者在08:00以前去，人潮比較少，也可以連同地鐵蹴上站前面的傾斜鐵道一起遊覽，距離不遠，傾斜鐵道可欣賞滿滿的櫻花與京都山景，拍起來如詩如畫。 Map P.53

醍醐寺

　　京都排名前幾名的賞櫻景點，境內的櫻花品種非常多，包含枝垂櫻、染井吉野櫻、山櫻、八重櫻等應有盡有，由於人潮眾多，建議趕在開門時去最好。 Map P.18

大阪造幣局 ✧ ✧

　　造幣局一年僅在櫻花季期間，開放7天入內參觀，局內栽種了超過百種的特殊櫻花，由於品種多，所以只要在開放期間，幾乎都有機會看到櫻花。 **Map** P.115

琉璃光院 ✧

　　琉璃光院最經典的便是2樓的楓葉窗景，窗外的楓葉在禪意十足的桌面上，倒映出夢幻的絢麗色彩，令人讚歎不已，走在日式建築中欣賞瑠璃之庭的楓景，吸引許多攝影人士前往。

永觀堂 👍

　　京都的賞楓名所——紅葉的永觀堂，每到楓葉季，豔紅的、橘紅的、鮮黃色的……，共3,000株楓紅交錯，放生池畔與極樂橋邊上都是欣賞寺院紅葉景觀的取景好位置。

Map P.57

東福寺 ✳

　　京都最負盛名的賞楓名所之一，從臥雲橋上拍攝通天橋，那滿出來一般的楓葉，可以說是京都最壯觀的楓葉景色。 **Map** P.18

大阪城公園 ✧

　　總面積達106.7公頃，秋天時可以沿著銀杏大道進到園區，一路走到護城河，再進大阪城，沿途都是讓人流連忘返的楓葉美景。

Map P.116

京阪神奈城市簡介

旅者造訪關西，一般都會從京阪神奈開始，這4個城市距離很近，彼此間交通時間1小時左右便可抵達，但感覺卻相當不同：古典優雅的京都，充滿活力與娛樂的大阪，時尚又浪漫的神戶，古樸而悠閒的奈良，唯有親身造訪，才能細細體會。

京都

充滿世界遺產、千年神社寺廟的迷人古都，引發思古幽情的街道巷弄，身著和服的美女漫步其中，享用一頓傳統的京料理，感受專屬於京都的恬淡雅趣。

日本與京阪神奈地區圖

北海道
日本海
東北
太平洋
九州
中國
四國
關西
關東
沖繩

京都府
兵庫縣
京都市◎
滋賀縣
神戶市◎
◎大阪市
大阪府
◎奈良市
淡路島
奈良縣
三重縣
和歌山縣

往上賀茂神社
金閣寺
金閣寺地區
下鴨神社地區
平野神社
下鴨神社
銀閣寺
銀閣寺地區
琵琶湖
嵐山地區
北野天滿宮
京都御所
哲學之道
JR山陰本線(嵯峨野線)
二条城
平安神宮
永觀堂
天龍寺
錦市場
八坂
南禪寺
元離宮.二条城地區
神社
渡月橋
河原町商圈
祇園.四条河原町地區
祇園
高台寺
東海道本線
京都車站周邊
東本願寺
清水寺
(琵琶湖線)
西本願寺
清水寺周邊
京都車站
東福寺
東海道新幹線
N
伏見稻荷大社
醍醐寺
東海道本線(JR京都線)
JR奈良線
京都・宇治地區地圖
平等院

銀閣寺地區

祇園、四条河原町

清水寺

京都車站

元離宮・二条城地區

嵐山地區

金閣寺

新大阪車站

日本環球影城

JR神戶線

JR東西線

梅田、JR大阪站地區

大阪、梅田車站

大阪城

道頓堀、心齋橋、美國村

日本環球影城

JR大阪環狀線

JR夢咲線

難波車站

海遊館

海灣區

大阪港

天王寺車站

N

大阪地區地圖

大阪

　　生活在大阪這個隨時都在求新求變的大城市絕對不會無聊，美食、名牌商店、二手衣商店雲集的「南區」道頓堀、心齋橋、美國村，與永遠都在流行最前線的大阪門戶「北區」梅田，都是感受大阪活力的必去之地。

大阪城

梅田、JR大阪站地區

道頓堀、心齋橋、美國村

海灣區

神戶

說到時尚與異國風情就不能錯過神戶這個城市，交通樞紐的三宮可說是神戶的流行觀察站，各式時尚商品都可在此發掘；來到北野與舊居留地一帶，帶有歷史痕跡的西洋建築與街景，為神戶增添了濃濃的異國風情；傍晚抵達浪漫的海灣區吹吹海風看夜景，享受獨一無二的港灣魅力。

北野地區

南京町

舊居留地

三宮、元町地區

海灣區

山陽新幹線

市營地下鐵西神・山手線

阪急神戶線

JR神戶線(東海道本線)

阪神本線

萌黄之館 📷
風見雞館 📷

北野 地區

北野坂

生田神社　🚃三之宮

🚃神戶三宮

🚃神戶三宮

🚃三宮．花時計

Port Liner

TOR ROAD

鯉川筋

縣廳前🚃

三宮・元町 地區

🚃舊居留地．大丸前

元町🚃　元町

南京町

花路

舊居留地

花隈🚃

阪急神戶高速線

阪神神戶高速線

地下鐵海岸線

🚃港元町

IKUTA ROAD

大倉山公園

🚃大倉山

🚃西元町

神戶港塔
📷
●美利堅公園

海灣區

高速神戶🚃

(山陽本線)

🚃神戶

JR神戶線

📷 神戶臨海樂園umie

神戶地區地圖

奈良

歷史悠久的古都，適合以步行方式認識的淳樸小鎮。除了可以餵鹿的熱門景點奈良公園外，春日大社、東大寺等都是知名景點；有時間不妨逛到奈良町，街道兩旁傳統的老屋，散發出濃濃的古都風味，也只有透過漫步的方式，才能仔細捕捉奈良的歷史風華。

東大寺

春日大社

奈良公園

奈良町

📷 東大寺

● 二月堂

● 若草山

依水園
寧楽美術館
●

● 東大寺南大門

← 往近鐵奈良站、JR奈良站方向

● 冰室神社

📷 奈良公園

● 興福寺

三条通り

● 猿澤池

● 奈良國立博物館

● 一の鳥居

N

● 荒池

📷 春日大社

春日若宮神社 ●

奈良町

● 元興寺

奈良地區地圖

動手做一道
★當地料理★

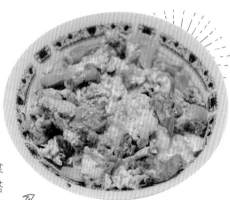

親子丼 | 用對食材，在家也能烹調出日本味的親子丼

親子丼可說是日本的國民美食之一，也是中餐定食中不會缺席的平價美味。帶有甘甜醬汁的雞肉洋蔥，搭上半熟滑嫩的蛋液，摻著飯一口接一口，很快就吃光光了。雖然在台灣餐廳很少能吃到日本那般味道的親子丼，但做法其實很簡單，只要使用好的食材與醬汁，也可以輕鬆做出美味的親子丼呢！

步驟5. 的第二層蛋衣是半熟蛋滑順輕柔的關鍵，此時火侯和時間的控制非常重要，喜歡生一點時間就要縮短，切記蛋液倒入均勻後不可攪動，才能製作出完美的蛋衣層喔～

料理時間：15分鐘
料理難度：★
當地食材：澤井醬油淡口醬油、七味家昆布柴魚高湯粉(品名：おばんざいのもと)
購買地點：澤井醬油本店(京都市上京區中長者町通新町西入仲ノ町292)
　　　　　七味家(京都市東山區清水2-221清水寺參道，見P.34)

材料(1～2人份)

材料	份量
去骨雞腿肉	1片
全蛋	2個
洋蔥	¼個
白飯	適量

醃汁

清酒	1小匙
細砂糖	½小匙
澤井醬油淡口醬油	1小匙

煮汁

七味家昆布柴魚高湯粉煮滾的日式高湯	250ml
澤井醬油淡口醬油	2大匙
味醂	1大匙
清酒	1大匙
細砂糖	1大匙

做法與步驟

1. 雞腿肉切小塊，以醃汁材料稍微拌勻醃製，備用。蛋打散稍微拌勻，備用。
2. 洋蔥切絲，起油鍋熱油，將洋蔥放入平底鍋中，將煮汁材料倒入，開中大火蓋鍋煮滾。
3. 放進醃製過的雞肉塊，待雞肉邊緣轉白後翻面，轉小火續煮至雞肉表面全白鼓起。
4. 雞肉煮熟後，將蛋液倒入一半，煮1分鐘待蛋白變白。
5. 將剩下的蛋液繞邊緣一圈倒入，關火蓋上蓋子約30秒鐘後淋到飯上即完成。

6大好用交通票券

關西廣域

(照片提供／吉永小百合)

ICOCA&HARUKA 1

出入機場首選

✚**特色**：從關西機場搭乘JR關空特急「HARUKA」前往京都、大阪的省錢票券，包含一張可使用在關西JR、地鐵、私鐵、巴士等交通工具的「ICOCA」及一張「HARUKA折扣券」。

「ICOCA」卡片內含預先存入的¥1,500及¥500可退款押金，若已有「ICOCA」，也可出示「ICOCA」單獨購買「HARUKA折扣券」。持

「HARUKA折扣券」可享折扣價購買關西空港到京阪神奈區域的單程或來回票，能省下大筆交通費。

✚**價格**：依照「HARUKA」使用區間不同，價格也不同，右欄僅列出常用區間，其他區間可上官網查詢。以下價格皆包含「ICOCA」的¥2,000，若出示現有「ICOCA」購買「HARUKA折扣券」，價格會再減少¥2,000。**注意**：ICOCA&HARUKA 並沒有分大人小孩價格，若要搭乘JR來往機場與關西地區，建議有6歲以上小孩隨行的話，小孩部分可以購買「JR關西鐵路周遊券(JR Kansai Area Pass)」兒童票。

✚**關西機場－新大阪**：
單程¥3,600，來回¥5,200
✚**關西機場－京都(含嵐山)**：
單程¥3,800，來回¥5,600
✚**銷售地點**：關西機場出發的車票可事先於官網預約，並於關西機場JR綠色窗口領取，從其他車站出發的票則無法線上預約。若購買來回型車票，僅能在關西機場JR窗口領取。單程則可在大阪、新大阪、天王寺、JR難波、京都、三之宮、奈良、關西機場的JR車站購買。
✚**網址**：www.westjr.co.jp/global，網頁下方選擇ICOCA & HARUKA，進入後於右上選擇語言。

關空特急列車HARUKA(照片提供／咕溜魚)

關西機場JR綠色窗口(照片提供／咕溜魚)

關西旅遊訊息服務中心‧關西國際機場

南海電車

關西周遊卡 (KANSAI THRU PASS) 2

玩關西最方便

✛特色：只販售給外國人的交通票券，又簡稱「KTP」，想一次玩遍京阪神奈區域，這張票券還滿方便的，雖然交通費上不見得會省多少，但省去了每次搭車時查看交通方式、票價、買票的時間。

持KTP可自由搭乘票券地圖上的地鐵、私鐵及公車(但不包含JR)，可搭乘的範圍涵蓋了京都、大阪、神戶、比叡山、姬路、和歌山、奈良、高野山。其中有馬溫泉、高野山、吉野山等都是交通費偏高的地點，若能安排至行程中，就能發揮此票券的最高效益。**注意**：票券的有效日沒有連續使用的限制。

✛價格：大人2日券￥4,380，3日券￥5,400，兒童券票價為大人券的一半。

✛銷售地點：南海電鐵關西機場站窗口、關西國際機場、難波、梅田、心齋橋等地的遊客服務中心都可以買到。也可在國內旅行社事先購買。

✛網址：www.surutto.com/tickets，網頁下方KANSAI THRU PASS選擇語言後進入。

京都、大阪地區

京都、大阪觀光一日／二日券 3

來回大阪、京都經典景點

+特色：可以在1或2天內搭乘京阪電車來往京都河原町、伏見稻荷神社、東福寺、宇治、大阪城等景點，光是來回京都、大阪就已經值回票價了。

+價格：1日券￥1,000，2日券￥1,500。

+銷售地點：關西旅遊訊息服務中心‧關西國際機場、京阪電車車站。也可以在國內旅行社購買。

+網址：www.keihan.co.jp/travel/tw/trains/passes-for-visitors-to-japan/kyoto-osaka

大阪地區

大阪周遊卡（大阪周遊パス） 4

玩遍大阪最省錢

+特色：可在1或2天內無限搭乘大阪市內電車及巴士，並能免費進入超過35處景點(包含大阪城天守閣、大阪生活今昔館、天保山大觀覽車、梅田藍天大廈空中庭園展望台、聖瑪麗亞號、水上觀光船、萬博紀念公園等)，一天只要玩3個景點以上就已經值回票價了。還有多處景點折扣、餐廳優惠，是玩遍大阪最省錢的方式。

+價格：1日券￥2,800，2日券￥3,600。

+銷售地點：關西旅遊訊息服務中心‧關西國際機場、大阪遊客指南中心(大阪、難波)、大阪市各站地鐵站長室。也可在國內旅行社事先購買。

+網址：www.osaka-info.jp/osp/cht

大阪地鐵查詢

關西旅遊信息服務中心

天保山大觀覽車

神戶地區

CITY LOOP 一日券（シティー・ループ） 5

搭公車逛神戶最方便

+ 特色：繞行神戶市區各大觀光景點一圈的觀光巴士「CITY LOOP」，是在一天內認識神戶的最佳交通方式，而「CITY LOOP一日券」則是可以在當天無限搭乘此巴士，行經路線包含北野異人館、三宮、舊居留地、元町、南京町、港區等，一天搭超過3次就可以回本。注意：平日17:30～18:00之後便沒有班次，想搭乘CITY LOOP到神戶港看夜景，最後得自行步行到臨近的地鐵站喔！

+ 價格：大人￥700，兒童券(未滿12歲)￥350。

+ 銷售地點：CITY LOOP車上購買、神戶市綜合資訊中心(三宮)、觀光案內所(新神戶站)。

+ 網址：kobeloop.bus-japan.net/zh-Hant/ticket

奈良地區

奈良斑鳩一日券（奈良・斑鳩1dayチケット） 6

奈良一日遊超好用

+ 特色：若要從大阪、京都、神戶出發，來個奈良一日遊，此票券是很好的選擇。不僅可搭乘近鐵電車指定區間(大阪難波及日本橋到奈良、京都到奈良)，奈良交通巴士指定區間也可無限搭乘。

此票券比較特別的是，根據出發地不同，會有販售不同版本的延伸區間，例如從大阪出發，可以購買「大阪市交通局版」，從大阪搭乘地鐵到近鐵站前往奈良都可直接使用此票券，不需額外買票。注意：若是搭乘近鐵電車的特急列車，需額外加上特急費用。

各版本不同，只能購買所在地區的版本。右欄介紹較多人使用的版本，其他版本資訊請上官網查詢。

+ 網址：www.kintetsu.co.jp/senden/Railway/Ticket/ikaruga

大阪市交通局版

+ 價格：￥2,100。

+ 銷售地點：可於大阪市地鐵・新電車各站長室、大阪市地下鐵站內定期券發售所購買。

+ 適用範圍：可搭乘大阪市地鐵、新電車、巴士全線。

京都市交通局版

+ 價格：￥2,100。

+ 銷售地點：可於京都市營地下鐵各站、市巴士及地下鐵案內所、定期券發售所購買。

+ 適用範圍：可搭乘京都市營地鐵全線。

奈良巴士站　　往奈良方向近鐵電車

10 條一日行程

京・阪・神・奈

Route 1

走入京都古城
迷人時光

清水寺周邊 · 祇園

　　換上和服，來趟京都風情巡禮！無論是走入古寺，或漫步在古色古香的街道，一整個就是很有氣氛！從清水寺開始一天的行程，走過附近迷人的坡道，兩旁店舖盡是令人愛不釋手的和風雜貨、甜點店，邊吃邊逛，時間一不小心很快就過去。再來到以藝妓聞名的祇園花見小路，沿途有著典雅的木造建築，遊客們滿心期待一睹路過的藝妓風采，在在都增添了此處的神祕風情。

走入京都古城的迷人時光

Start

09:00 ~ 10:30　1 岡本織物店

10分鐘

沿茶わん坂步行

10:40 ~ 12:00　2 清水寺

5分鐘

沿清水坂步行

12:05 ~ 13:30　3 順正湯豆腐

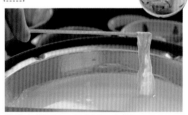

沿清水坂下坡一路逛至二年坂

13:30 ~ 15:30　4 清水寺周邊

15分鐘

二年坂、寧寧之道、花見小路，步行15分

15:45 ~ 17:00　5 茶寮都路里 祇園本店

沿茶わん坂步行

17:00 ~ 17:30　6 祇園

10分鐘

沿四条通步行

Goal　7 柚子元

17:40 ~ 19:00

一日花費 小 Tips

和服出租（加髮型設計）	5,480
清水寺參拜	400
順正湯豆腐套餐	2,200
茶寮都路里	1,250
柚子元	2,790
Total	12,120

※ 以上幣值以日圓計算，未稅

交通對策

由於清水寺一帶多為坡道階梯、石板路，步行時請留意腳步，走累時，可在傳統建築中品嘗甜點美食。從清水寺接連到祇園的路程，腳程好的可以慢慢走過寧寧之道到祇園，若腳力不好，也可在清水道搭乘「市巴士100號」到祇園。傍晚到風情萬種的祇園花見小路欣賞夜景，步行10分鐘從四條大橋過鴨川，右邊的小巷豎立著「先斗町」的大字看板，也是眾多遊客流連忘返的美食好去處呢！

Q：如何抵達第一站岡本織物店？

| JR大阪站 | —— JR —— 30分鐘 | JR京都站 | 🚌 市巴士206 / 100 20分鐘 | 清水道 五條坂 | 步行 5分鐘 | 清水寺 |
| 梅田 | —— 阪急電車 —— 45分鐘 | 河原町 | 🚌 市巴士207 14分鐘 | | | |

A 從大阪出發
先從大阪幾個主要車站到京都，再從各站搭乘右述巴士前往。詳細搭乘方式見旅遊工具箱P.172。

B 從京都出發
從河原町站走到四條河原町巴士站搭乘「市巴士207」至「五條坂」，或從京都車站前搭乘「市巴士100」或「市巴士206」至「五條坂」，下車後，沿著五條坂上坡，至岔路口走右邊的茶わん坂，過Lawson不久即可看到岡本織物。

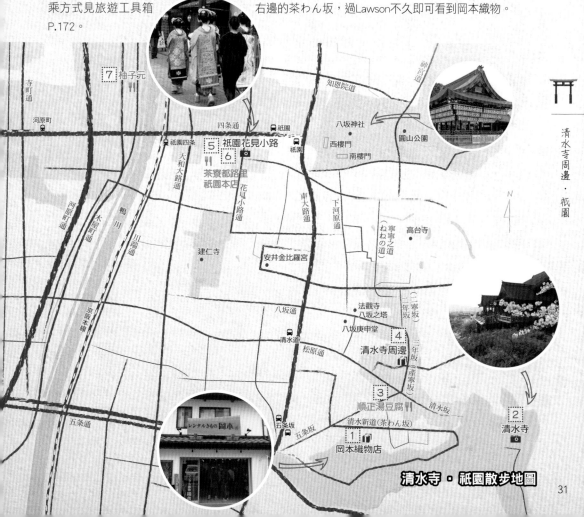

清水寺 ● 祇園散步地圖

遊玩鐵則
預約越早的梯次，衣服選擇會比較多！

超過180年歷史和服租貨老店

1 岡本織物店 總店
（レンタルきもの岡本）
Rental Kimono Okamoto

✉ 京都市東山區五条橋東六丁目546-8 ☎ 075-532-1320 🕐 09:00～19:00(18:30歸還和服) 🚌 市巴士「五条坂」站牌步行10分 http okamoto-kimono.tw 📘 okamotokimono(レンタル着物岡本) 📷 rentalkimonookamoto ⁉️ ¥4,980套餐(未稅)：含和服(600套可選擇)、腰帶、手提包、布襪、穿衣。髮型設計需加價¥500，有多達8種髮型可以選擇 Map P.31、35

　　來到京都，穿上美麗的和服，漫步在風情萬種的街道上，是最令人期待的一刻。若是在櫻花季前來，搭著朵朵櫻花背景拍照，更添浪漫。

　　受台灣人歡迎，超過180年歷史的和服體驗店，距離清水寺較近，可直接在網路上預約，不懂日語也沒問題。可以選擇的和服款式很多，風格較花俏活潑，打扮、髮型較新潮可愛，穿法也比傳統和服簡化，對初次體驗者來說比較好入手。

穿著和服漫步古都，一瞬間好像變成古日本人了

和服選擇小撇步

　　從選衣、著裝到梳頭，約需1小時。除了選擇和服花樣，腰帶的花樣也要能搭配和服，而且顏色方面儘量不要選擇類似的，差異大的顏色更能凸顯和服特色，若不擅長搭配，店員都會提供專業的意見。最後就是整理好髮型，拿上包包，來去清水寺囉！

💬 **其他推薦**

遊玩鐵則
可上網預約，但因較難預約得到，建議櫻花季、楓葉季一定要提早2個月預定。

穿出質感與好氣質
染匠（染匠きたむら）
Sensyo Kitamura

✉ 京都市東山區下河原通高台寺門前下河原町470 ☎ 075-531-3981 🕐 10:00～18:00 🚌 從京都站搭市巴士206，在「東山安井」下，步行5分 http www.sensho-kitamura.jp/info/chinese.html 📘 sensho.kitamura 📷 sensho_kitamura ⁉️ ¥5,000套餐(未稅)：價格包含和服、腰帶、飾品配件、布襪、穿衣、簡單髮型設計 Map P.35、43

穿上正統和服，氣質整個不一樣

600套和服好難抉擇

超人氣蓬鬆可愛髮型

可以請店員協助搭配配件

　　位在高台寺附近的染匠，走的是高質感路線，和服質料很好，服裝風格、髮型打扮也較復古氣質風，屬於正統的和服穿法。而且店員在整個服務過程都很親切，最後還會熱情地教你如何走動、擺POSE拍照最好看。

店門口就是最佳拍照造景

走入京都古城的迷人時光

10:40 ～ 12:00

必訪名寺

② 清水寺
Kiyomizudera

遊玩鐵則
賞楓撒步，打光的清水舞台更添夜楓的浪漫情懷。

✉ 京都市東山區清水1-294 ☎ 075-551-1234 🕐 06:00～18:00，關門時間視季節而定。另有夜間參拜時間，於一般參拜時間關門後再次開放，請上網查詢 💲 ¥400 🚌 市巴士「五条坂」或「清水道」站牌步行10分 🌐 www.kiyomizudera.or.jp 🗺 P. 31、35

　來到清水寺大門口，便可從滿滿的遊客潮感受到清水寺的熱門程度。位於京都音羽山山腰的清水寺，歷史相當悠久，自古以來，便供奉千手觀世音菩薩，是民間信仰的中心，連平安時代的貴族文學作家紫式部、清少納言都曾參拜過清水寺，便可知其重要性。

參觀重點

視野絕佳清水舞台

　而最著名的「清水舞台」則是清水寺的參觀重點，正殿前的「舞台」懸空於崖邊，為木造建築，完全未使用一根鐵釘搭造而成。由此眺望京都市區，景色絕佳，天氣好的時候，還可以看到京都塔！

賞櫻賞楓大熱門

　賞櫻、賞楓時節，清水寺會於閉門後再次開放夜間拜觀入場，來到本堂側邊的奧之院前方平台，此處視野可一併望見京都市區與清水舞台之景，春季時粉櫻圍繞，秋季滿山遍谷的火紅，攝影同好紛紛在此等待最美的一刻、情侶雙雙對對展浪漫，等待夕陽西下，留下夜之清水帶來的驚豔與感動。

清水寺夜楓

由下仰望雄偉的木構建築

站上清水舞台，遠眺京都市區

無論何時總是許多人在音羽之瀧排隊許願

祈願清泉

　位於清水舞台下方的音羽之瀧，順著音羽山流出的清泉，三道清泉由左至右代表：「學問成就」、「戀愛成功」、「延命長壽」，每個人只能選其一而飲，且一定要一口飲盡，不然願望是不會完全實現的。

地主神社求良緣

戀愛占卜石

　清水寺境內的地主神社，可是京都著名祈求良緣的神社，裡頭有2顆「戀愛占卜石」，據說只要能閉著眼睛從其中一顆石頭走到另一顆，戀愛就能夠實現，每每在此都能看到誠心的祈願者與周圍許多加油打氣的助陣團，情景甚是有趣。

品嘗京豆腐的好滋味

3 順正湯豆腐
（清水順正おかべ家）
Kiyomizu Junsei Okabeya

✉ 京都市東山區清水寺門前清水2丁目 ☎ 075-541-7111 ⏰ 10:30～18:00(最後點餐17:00)，配合清水寺特別夜間參拜延長營業時間至21:00(最後點餐20:00) 💲 套餐¥2,200起 🚌 市巴士「五条坂」或「清水道」站牌步行8分 http www.okabeya.com Map P.31、35

　　京都老字號湯豆腐名店，由於京都本身優良的水質，加上店家嚴選的國產黃豆，順正的豆腐吃來極其可口滑順。其中的「ゆば套餐」(湯葉豆腐套餐)相當有特色，豆漿火鍋加熱凝結於上層的豆腐皮，以竹籤沿著鍋緣繞一圈撈起，沾著清爽的醬汁吃，其豆乳香在口中遲遲無法散去，那入口即化的溫順感，令人久久難忘。豆腐皮也可以加入海苔、蔥、並倒入糊稠的醬料配飯一起吃，也別有一番美味。整份套餐除了湯葉鍋，還包含田樂(烤豆腐)、野菜天婦羅、香物、御飯等，一個人吃都有點撐呢！

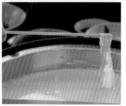

寬敞的室內環境　　　　　　推薦必點的ゆば (湯葉豆腐)

尋找可愛和風小物，美食甜點吃不停

4 清水寺周邊

> **遊玩鐵則**
> 建議由清水寺一路逛下二年坂，下坡路走起來比較不會累喔！

　　從清水寺往高台寺的石坂坡道，途經清水坂、產寧坂到二年坂，是觀光客必逛的熱鬧街道，產寧坂兩旁江戶時代的町屋木造房舍更是獨具風情，坡道上值得探訪的日式雜貨店、京扇子、特色伴手禮店相當多，也不乏讓人眼花撩亂的甜點店與和風料亭，讓人想進去一探究竟，但也要小心陡峭的石階，傳說在產寧坂跌跤，3年內就會往生呦！而較為平緩的茶わん坂上都是清水燒廠家，不妨在此尋找屬於自己的京都風小物吧！

更添京都料理風味的七味唐辛子

七味家本舖
Shichimiya

✉ 京都市東山區清水2-221清水寺參道 ☎ 075-551-0738 ⏰ 09:00～18:00(依季節變動，冬季10:00～17:00) 🚌 市巴士「五条坂」或「清水道」站牌步行7分 http www.shichimiya.co.jp Map P.35

　　已有360年歷史的老店，可說是日本調味品的創始店，販賣七味辣粉、山椒粉等調味粉，且盛裝容器各有不同。其七味粉混合了唐辛子、山椒、黑胡麻、白胡麻、紫蘇、青海苔等香料，與京都湯豆腐非常搭，炸物用的「山椒粉」和「柚子粉」也是很受歡迎的下廚好夥伴。

葫蘆型等造型盛裝容器相當適合送禮

融合木造京町屋元素

スターバックス コーヒー 京都二寧坂ヤサカ茶屋店

✉ 京都市東山區高台寺南門通下河原東入桝屋町349 ☎ 075-532-0601 ⏰ 08:00～20:00 🚌 市巴士「五条坂」站牌步行10分 http store.starbucks.co.jp/detail-1476 Map P.35

世界第一間擁有榻榻米的星巴克，融合了木造京町屋元素。步入其中，彷彿穿越時光，置身於古京都。茶室內的榻榻米和日式紙木門，彰顯京都獨特的文化和歷史。2樓窗戶還可以眺望二寧坂的美景呢！

口金包樣式多到難以下手

はんなり Kyoto 二年坂店
Hannari Kyoto

✉ 京都市東山區高台寺南通下河原東入桝屋町362-12 ☎ 075-533-1890 ⏰ 10:00～18:00 🚌 市巴士「清水道」站牌步行7分 http www.hannari-kyoto.com Map P.35

挑選口金包(がま口財布)的好店。種類之豐富、花色變化之多端，無論日本傳統花樣、西洋現代感都有，還有超可愛蝴蝶結形口金包！

款式多樣的口金包

清水寺周邊地圖

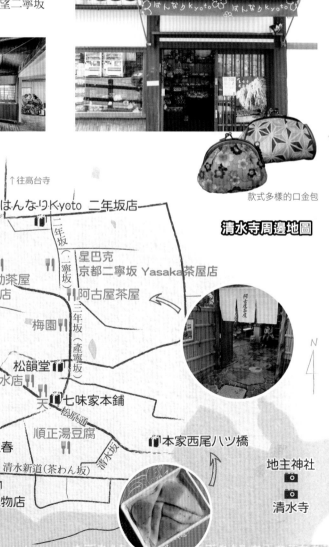

↑往高台寺

染匠

はんなりKyoto 二年坂店

八坂通

法觀寺
八坂之塔

二年坂

星巴克
京都二寧坂 Yasaka茶屋店

清水道

八坂庚申堂

文之助茶屋
本店

一寧坂

阿古屋茶屋

東大路通

梅園

三年坂（產寧坂）

松韻堂

藤菜美 清水店

天

七味家本舖

松原通

順正湯豆腐

清水坂

局屋立春

本家西尾八ツ橋

五条坂

五条坂

清水新道(茶わん坂)

岡本織物店

N

地主神社

清水寺

甜味特殊造型典雅的和菓子

局屋立春
Tsuboneya Rishum

✉ 京都市東山區五条大橋東6-583-75 ☎ 075-561-7726
🕙 10:00～17:00(不定休) 🚌 市巴士「五条坂」站牌步行10分 http www.kyoto-tsuboneya.com 📷 tsuboneya Map P.35

　　位於茶わん坂的和菓子店，和菓子精緻典雅的外型，讓人不忍心破壞它的美，更有和菓子是使用阿波和三盆糖(產自日本德島的頂級糖品，以細緻糖粒、口感清雅為特色)，那甜味特別不同！在店裡享用抹茶和蕨餅，甜苦相搭真是下午茶的絕佳搭配。

日本的點心鋪會根據季節的變化推出不同材料與造型的和菓子

清水燒專門店

松韻堂
Shoindo

每個清水燒都獨具特色

✉ 京都府京都市東山區清水3-319三年坂下 ☎ 075-561-8520 🕙 09:00～17:00 🚌 市巴士「清水道」站牌步行10分 http shoindo.com Map P.35

　　具有160年歷史的清水燒老鋪，店內擺設仍維持著創業以來的古早氛圍，從碗、盤等餐具到茶具，陳列了許多美不勝收的特色清水燒。老闆還會用多國語言與客人對話呢！

豆知識 來自清水寺山腳的清水燒

　　京都歷史悠久的瓷器燒製文化——清水燒，也稱為京燒，在400年前茶道盛行之始，來自各處的工匠用各種不同的技法，為王室與大名們製作茶碗，進而開展了陶器市場。因為是在清水寺山腳下燒製而成的，雖融合了海內外各種技法，但不論表現風格如何，只要是在此處燒製的，便稱為清水燒。

甘酒配蕨餅

文之助茶屋 本店
（文の助茶屋）
Bunnosuke Chaya

✉ 京都市東山區下河原通東入八坂上町373 ☎ 075-561-1972 🕙 11:00～17:00(不定休，遇過年、假日則照常營業) 🚌 市巴士「清水道」站牌步行6分 Map P.35

　　走進店裡，傳統日式老屋的風情盡入眼裡，這裡的招牌是創業初始流傳至今的「甘酒」，配上沾滿黃豆粉的蕨餅吃起來非常爽口，不妨各點一份坐在露天座位感受一下不同的氣氛。

來杯甜暖的甘酒配上蕨餅

飲食豆知識

甘酒　　白米經米麴菌發酵而成，喝來帶有發酵過程分解出的糖分甜味，大多數沒有酒精，是對消化、預防感冒非常有益的傳統飲料。

京都必買伴手禮生八橋

本家西尾八ツ橋 清水店
Honke Nishio Yatsuhashi

✉ 京都市東山區清水1-277 ☎ 075-541-1677 🕙 08:00～17:00(依季節變動) 🚌 市巴士「五条坂」站牌步行8分 http www.8284.co.jp Map P.35

京都必買伴手禮生八橋抹茶口味

　　京都著名的和菓子中不能不提「生八橋(生八ツ橋)」，光是清水坂上就有很多專賣店，而這家「本家西尾八ツ橋」人氣相當高，屬於吃來皮比較有咬勁的一家。三角形如餛飩般的外形，如同麻糬一樣Q的薄皮，裡面包有各種口味的甜內餡，生八橋可說是最佳伴手禮。

豐富漬物茶泡飯吃到飽

阿古屋茶屋
Akoyachaya

✉ 京都市東山區清水3-343 ☎ 075-525-1519 🕐 11:00～16:00(最後點餐15:00)，週六、日11:00～17:00 (最後點餐16:00) 🚌 市巴士「清水道」站牌步行5分 http www.kashogama.com/akoya Map P.35

　京都的京漬物相當出名，喜歡漬物的話，絕對不要錯過三年坂和二年坂交界的阿古屋茶屋，超過20種以上的京都泡菜及茶泡飯吃到飽，不同鹹度的漬物，依照個人喜好搭配白飯或十六穀米飯，自助午餐¥1,450，就有頓滿足的午餐囉！不要忘記最後的最中甜點，很好吃喔！

餐具都是森剛嘉祥*的清水燒器皿，一整個很有質感(*創立於1914年的嘉祥窯，至今已是第4代經營，其陶器作品有著獨特的京都風格與天然紋理)

無限享用的漬物

高人氣抹茶起司蛋糕

天
Ten

✉ 京都市東山區清水2-208-10 ☎ 075-533-6252 🕐 10:00～18:00(依季節變動，不定休) 🚌 市巴士「清水道」站牌步行10分 http www.ten-kyoto-japan.com Map P.35

　提供自創的和風甜點，人氣最高的抹茶起司蛋糕，是日本電視節目《黃金傳說》排行京都第五名的美味甜點，蛋糕入口即化，酸甜的半熟起司與微苦的抹茶味，不時可吃到黑芝麻顆粒，難怪人氣居高不下。

抹茶半熟起司蛋糕(抹茶レアチーズケーキ)

嗜甜者不可錯過

梅園 清水店
Umezono

✉ 京都市東山區清水產寧坂339-1 ☎ 075-531-8538 🕐 11:00～18:30(最後點餐時間18:00) 🚌 市巴士「清水道」站牌步行10分 http umezono-kyoto.com f 100067955438906(甘党茶屋 梅園 清水店) Map P.35

　自昭和2年(西元1927年)創業以來，便是京都的代表性甜點店，大人氣御手洗丸子，竟是罕見的圓柱形，口感Q，鹹味吃來清淡不鹹膩。點心組合為推薦必點，抹茶、白玉紅豆抹茶、蕨餅、御手洗丸一次都吃到。

抹茶、白玉紅豆湯、蕨餅、御手洗丸點心組合

吃糰子，歇歇腳

藤菜美 清水店
Fujinami

✉ 京都市東山區清水2-208-9 ☎ 0120-81-2473 🕐 10:00～18:00 🚌 市巴士「清水道」站牌步行10分 http www.kyoto-fujinami.jp Map P.35

　喜歡醬油糰子的話，絕對不要錯過藤菜美的現做糰子，溫熱的糰子外微焦，內部口感軟Q，又稍帶點甜味，相當好吃！夏天買一瓶冰涼洛水，香濃微甜的冰抹茶，消暑又解渴。

焦味中帶甜的醬油糯米糰子

人氣超高的抹茶聖代

5 茶寮都路里 祇園本店
Saryo Tsujiri

✉ 京都市東山區四条通祇園町南側573-3祇園辻利本店2F、3F ☎ 075-561-2257 🕐 10:30～18:00(週六、日及假日～19:00) 🚉 京阪「祇園四条」站步行5分 http www.giontsujiri.co.jp/saryo f giontsujirisaryotsujiri(祇園辻利茶寮都路里) ⓞ giontsujiri_saryotsujiri Map P.31、39

由宇治茶老店「祇園辻利」經營的抹茶甜點名店，在京都相當有人氣，招牌特選都路里芭菲，共有7種食材配料，抹茶冰淇淋、抹茶冰、蜜紅豆、抹茶凍、白玉，一整個很豐富！吃過的人無一不被虜獲！

每到下午茶時間必排隊

必點特選都路里芭菲
(特選都路里パフェ)

寶藏級甜點老店

祇園德屋

✉ 京都市東山 祇園町南側570-127 ☎ 075-561-5554 🕐 12:00～18:00 🚉 京阪「祇園四条站」步行5分 http gion-tokuya.jp Map P.39

這間老店原為舞妓們的祕密寶藏，現在成為日本人心中的甜點瑰寶。供應了蕨餅、麻糬和剉冰等特色點心。特別的日式蕨餅以半透明的花瓣形

狀精心擺放，圍繞著中間冰鎮用的剉冰。搭配黃豆粉或黑糖吃，口感如同果凍般，但又Q彈冰涼，入口即化。每一口融合黃豆粉的甜味，令人讚嘆不已。

可以一次吃到招牌「德屋の本わらびもち」和抹茶口味的「わらびもち盛合」

町家旅館改建的和風咖啡廳

Café 冨月
Café Fugetsu

✉ 京都市東山區祇園町南側570-8 ☎ 075-561-5937 ⏰ 11:00～17:00(週日、國定假日～19:00)，週一公休(其他不定休) 🚇 京阪「祇園四條」站步行10分 http gionfu-getsu.jimdo.com Map P.39

　曾祖母、祖母、母親三代皆為藝妓的老闆娘，改建自母親傳承的町家旅館，以曾祖母的小名「冨月」為名。店內有著日式木桌、軟墊、和式拉門，坐著品嘗甜點，欣賞典雅的庭園美景，享受專屬於此的恬淡氣氛。

連藝妓也喜歡的豆腐抹茶起司蛋糕(お豆腐の抹茶チーズケーキ)

冨月的店門頗為低調

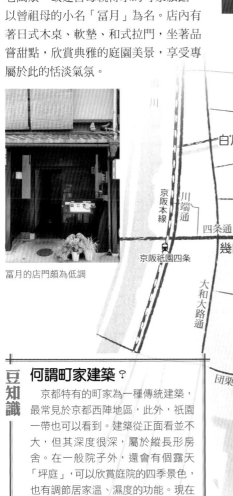

新橋通

白川南通　白川

京阪本線

川端通

四條　鍵善良房

京阪祇園四條

豐田愛山堂

祇園

西樓門

八坂神社

南樓門

幾岡屋

茶寮都路里

優佳雅
(よーじや)

大和大路通

花見小路通

祇園德屋

Café 冨月

京洋菓子司

東大路通

下河原通

団栗通

安井北門通

● 建仁寺

安井金比羅宮

N

祇園周邊地圖

豆知識 何謂町家建築?

　京都特有的町家為一種傳統建築，最常見於京都西陣地區，此外，祇園一帶也可以看到。建築從正面看並不大，但其深度很深，屬於縱長形房舍。在一般院子外，還會有個露天「坪庭」，可以欣賞庭院的四季景色，也有調節居家溫、濕度的功能。現在京都除了町家改建的咖啡廳，也有許多町家旅館供遊客居住。

藝妓・御茶屋・高級料亭

6 祇園
Gion

🚋 京阪「祇園四条」站步行5分 Map P.31、39

自江戶時代起便是煙花名地的祇園，位在八坂神社前一帶，其中花見小路是最有名的花街，也是電影《藝妓回憶錄》主要的故事場景。花見小路街區的古都風情特別有韻味，到了晚上，高級料亭與御茶屋像甦醒過來一般，紛紛點上燈，此時前來，更有機會在路上偶遇穿梭茶屋間趕場的藝妓！

豆知識

藝妓文化的起源

説到京都特色，許多人都會想到藝妓，其實日本的藝妓文化，就是從京都的八坂神社一帶發展的。17世紀時，神社附近提供參拜民眾茶水、休憩服務的店家，為吸引顧客，而開始表演歌曲及舞蹈來娛樂顧客，進而發展成祇園一帶許許多多的高級料理餐廳，也就是所謂的「料亭」。而有藝妓或舞妓表演的茶屋，門前燈籠都會有「舞妓」字樣，並在門口掛上表演藝妓名字的木牌。

貼心提醒：日本已將藝妓視為日本重要文化財產，民眾不可以隨意碰觸藝妓，或強行要求照相，藝妓們可是有巡守隊保護的！

每年7月舉行祇園祭的著名古社

八坂神社
Yasaka Jinja

遊玩鐵則
愛美的女性一定要到祭祀美容之神的「美御前社」參拜。

✉ 京都市東山區祇園町北側625
📞 075-561-6155 🕐 全天開放 💲 免費 🚋 京阪「祇園四条」站步行5分 Map P.31、39

創建於平安時代的古老神社，是日本全國祇園社的總本社，日本三大祭典之一的「祇園祭」便是由八坂神社於每年7月舉辦。境內的美御前社祭祀美容之神，神社內湧出的美容水，據說擦在臉上會變美，自古便受祇園的舞妓歡迎。

位於四条通盡頭的西樓門，為日本現存最大的石牌坊鳥居

參觀重點

正殿

八坂神社的正殿非常特別，屬「祇園造」建築，就是以檜皮葺同時鋪在神殿及拜殿兩棟建築的屋頂上，使其連成一片，是日本指定的重要文化遺產

舞殿

舞殿是舉行祭祀及神前式結婚的舞台，就位在神社中央，建築內掛有好幾排祇園當地商家奉納的白燈籠。夜間點燈後氣氛非常神祕。

造型可愛的香袋，放在衣櫃、包包裡都很適合

製香老店

豐田愛山堂
Toyoda Aisando

✉ 京都市東山區祇園町北側277 ☎ 075-551-2221 ⏰ 10:00～18:00(週三公休) 🚃 京阪「祇園四条」站步行3分 http www.gion.or.jp/gion_shop_detail/豐田愛山堂 Map P.39

知恩院御用線香的製香老店，除了販售正統香製品，還有許多可愛又實惠的造型香袋，讓人想要帶回家。

兼具視覺與味感的抹茶巧克力鍋

京洋菓子司
Jouvencelle

✉ 京都市東山區八坂鳥居前南入清井町482 京ばんビル2F ☎ 075-551-1511 ⏰ 10:00～18:00(最後點餐17:30，週二公休) 🚃 京阪「祇園四条」站步行10分 http www.jouvencelle.jp f kyoto.jouvencelle Map P.39

抹茶控一定要試試的招牌抹茶巧克力鍋，以精緻餐盒盛裝水果、糕點、葛餅，沾上抹茶巧克力吃，視覺與味感的雙重享受！完食後再倒入熱騰騰的牛奶變成抹茶歐蕾，喝起來好幸福！

抹茶巧克力鍋(祇園フォンデュ)

京軟帶嚼勁的黑糖葛切

鍵善良房 本店
Kagizen Yoshifusa

✉ 京都市東山區祇園町北側264 ☎ 075-561-1818 ⏰ 10:00～18:00(最後點餐17:30，週一公休) 🚃 京阪「祇園四条」站步行5分 http www.kagizen.co.jp Map P.39

創立於1716年的京菓子老舖，店內必吃的「葛切」，吃過的一致豎起大拇指說讚。半透明的葛切沾著黑糖吃，黑糖的香甜與冰涼略有嚼勁的葛切搭著吃，味道非常好。

桌桌必點的葛切(くづきり)

京都必買美妝用品

優佳雅(よーじや)祇園店
Yojiya

✉ 京都市東山區祇園四条花見小路東北角 ☎ 075-541-0177 ⏰ 11:00～19:00 🚃 京阪「祇園四条」站步行5分 http www.yojiya.co.jp/chinese f yojiya1904 ⓘ yojiya_official Map P.39

從小推車賣到店面，在京阪地區已有十多家分店，可說是道地的京都化妝品品牌。吸油面紙為其歷久不衰的人氣商品，由於可以在不弄壞妝容之下輕鬆吸油，而廣受舞妓喜愛。

相當好認的臉譜招牌

好用的吸油面紙

欣賞櫻花與垂柳的好去處

白川南通
Shirakawa-minami Dori

🚃 京阪「祇園四条」站步行5分 🗺 P.39

祇園北側的白川畔是條京都味十足的石坂路，漫步其中，看兩旁垂柳婀娜多姿，到了春天，開滿繽紛的枝垂櫻，搭上沿途歷史悠久的日式茶屋建築，非常地迷人。

白川畔石坂路是散步的好去處

參觀重點

巽橋

傳說以前在巽橋(たつみばし)這一帶有調皮的狸貓，常常化做人形捉弄過橋的人，直到人們祭祀了狸貓神後才平息了祂的惡作劇。

辰巳大明神社

辰巳大明神社(たつみじんじゃ)因位於京都御所的辰巳，即東南方而得名。祭祀的是辰巳大明神——辰巳稻荷，為附近商家和藝妓祈求商事繁榮的保佑神，因此傍晚時在這一帶很有機會看到路過的藝妓。

17:40 ～ 19:00

Goal

每道料理都有柚子入菜

7 柚子元
Yuzugen

✉ 京都市中京區先斗町四条上ル鍋屋町212 📞 075-254-0806 🕐 11:30～14:00，17:00～22:00(週二公休) 💲 ¥580起，鍋物¥2000起 🚃 京阪「祇園四条」站步行5分 🔗 kiwa-group.co.jp/yuzugen_pontocho f yuzugen.pontocho ⊙ yuzugenpontocho 🗺 P.31

位於先斗町的柚子元是以柚子為主要食材的特色料理店。以柚子高湯為湯底的柚子鍋，食材入鍋後品嘗起來有濃郁的柚子味，也可依喜好沾些許柚子山椒醬提味。柚子餃子、柚子包子、柚子拉麵等料理也是可以試試的餐點，不妨搭上柚子酒一起喝，別有一番風味喔！

柚子餃子內餡也是濃濃的柚子味

雞肉柚子鍋(雞ゆず鍋)的雞肉又嫩又有彈性

從清水寺前往祇園的路上，若有時間，不妨晃到高台寺附近，比起清水寺的熱鬧，此處的靜謐感，更適合細細體會欣賞京都的古都小巷風情。

靜謐秀雅

遊玩鐵則
夜觀高台寺，不要錯過櫻花、楓葉季打燈的美景～

高台寺
Kodaiji

✉ 京都府京都市東山區高台寺下河原町526 ☎ 075-561-9966 🕐 09:00～17:30(最後入場17:00，燈飾季節～22:00) 💲 門票¥600 🚌 市巴士「東山安井」或「祇園」站牌步行5分 http www.kodaiji.com

Map P.31、43

高台寺一直是我很喜歡的京都寺院，尤其是開山堂周圍的庭園之景，相當秀麗典雅。這座寺院，是北政所寧寧(豐臣秀吉正室)在秀吉死後、豐臣政權瓦解後，經德川家康的資助，於1606年為亡夫修建的寺院。

高台寺也是賞櫻、賞楓名所，尤以夜觀楓葉聞名，遊客們不約而同來到臥龍池畔，就為了看夜間點燈後，片片紅葉點綴澄澈池面那宛如詩畫般的美。而方丈前的波心庭七彩燈光秀極富詩意，也是必看之處。

臥龍池夜楓

方丈前波心庭，最著名的就是櫻花季盛開的枝垂櫻

坐在方丈外長廊，欣賞優月池之美

懷思古之幽情

寧寧之道・石塀小路
Nene no Michi・Ishibe Koji

櫻花季的寧寧之道

來到高台寺附近的寧寧之道(取自北政所寧寧之名),遊客逐漸變少,市井不再喧囂,兩旁盡是傳統建築與懷古巷道,悠閒漫步其中,引發無限思古幽情。

從寧寧之道中段鑽入一旁的小路,便是石塀小路,名稱來自於巷道兩旁都是石牆,這條小路在大正初期(西元1912〜1926年)就已經形成了,也是清水寺一帶「產寧坂傳統建造物群保存區」的一部分。只有五人寬的古早味巷道,毫無人煙,旅人可靜下心來沉澱思緒,這樣,也是一趟很不同的京都之旅!

窄小的石塀小路

結良緣切惡緣神社

安井金比羅宮
Yasui Konpira-gu

✉ 京都市東山區下弁天町70 ☎ 075-561-5127 ⏰ 09:00〜17:30(護身符、繪馬等販售處營業時間) 🚉 京阪「祇園四条站」步行10分 🌐 www.yasui-konpiragu.or.jp 🗺 P.39

可以結良緣切惡緣的神社。參拜方式:在本殿參拜後,投錢拿取形代紙(代替自身的紙),寫下祈願的內容後,帶著形代紙來到貼滿形代紙的石碑前,手持形代紙默念自己的願望,若想切斷惡緣就從正面鑽過去,想締結良緣則從背面鑽過去,最後將形代紙貼於石碑即完成。

斬惡緣、結良緣的緣切緣結石碑

來碗濃郁醬汁香氣的親子丼

ひさご
Hisago

✉ 京都市東山區下河原通八坂鳥居前下ル下河原町484 ☎ 075-561-2109 ⏰ 11:30〜16:00(週一、五公休) 🚌 市巴士「東山安井」站牌步行5分 🌐 kyo-hisago.com/index.html 🗺 P.43

ひさご可說是親子丼名店之一,創業已經超過70年。以鰹魚與昆布熬的高湯燉煮丹波土雞,和滑嫩的半熟蛋,鋪在鬆軟白飯上,每一口飯都充滿醬汁的濃郁,山椒的香氣與醬汁也十分對味,難怪這麼多人會慕名而來。

極富盛名的美味親子丼

Route 2

造訪世界遺產
遊逛購物鬧區

下鴨神社 · 銀閣寺 · 河原町

　　凡是能被列入世界遺產的物件，除了歷史悠久外，背後也有著許多當地興衰消長的故事，如果對歷史文化特別有興趣，強烈建議來一趟包含兩大京都世界遺產的神寺之旅，從下鴨神社開始，在糺之森的環繞下一路往南走，這裡林木蒼鬱，空氣更是清新。

　　不覺中來到了出町柳車站，若問京都何處最能享受休閒時光，無非就是從這裡沿著鴨川河岸走，每到了櫻花季，朵朵粉色妝點著兩岸，令人醉心。時間來到了正午，跳上巴士前往「日の出うどん」，這裡的咖哩烏龍麵香氣十足，湯頭濃郁。

　　飽餐後，繼續充滿禪意的旅程，南禪寺、平安神宮以及銀閣寺，徹徹底底洗滌一番身心。晚間，帶著輕鬆的心情，享用四條河原町的美食和熱鬧的購物街區。

Start

09:00 ~ 10:00　1 下鴨神社

從河合神社步行10分至「出町柳」站前，或步行至「新葵橋」搭乘市巴士4至「出町柳站前」

10分鐘

10:10 ~ 10:40　2 鴨川

步行回「出町柳站前」搭乘市巴士203約20分至「東天王町」站下車，沿「丸太町通」直走，右轉「鹿ケ谷通」，繼續步行約1分

20分鐘

11:00 ~ 12:15　3 日之出烏龍麵

沿「鹿ケ谷通」步行約10分

10分鐘

12:25 ~ 13:30　4 南禪寺

步行8分至「南禅寺・永観堂道」站搭乘市巴士5，南行方向至「岡崎公園・動物園前」站下車，步行1分

15分鐘

13:45 ~ 14:45　5 平安神宮

5分鐘

14:50 ~ 15:20　6 AYANOKOJI

至「岡崎公園・動物園前」站搭乘市巴士5或100至「銀閣寺道」站，步行10分

20分鐘

15:40 ~ 16:40　7 銀閣寺

6分鐘

16:46 ~ 17:20　8 哲學之道

「錦林車庫前」站搭乘市巴士5、203至「四条河原町」站，步行1分

30分鐘

17:50 ~ 19:00　9 三嶋亭 高島屋店

Goal

19:00 ~ 20:30　10 四条河原町

一日花費
小 Tips

京都巴士車票	1,150
日の出うどん	1,050
南禪寺方丈庭園	600
平安神宮神苑	600
銀閣寺	500
三嶋亭壽喜燒すき焼上コース	7,700
Total	11,600

※ 以上幣值以日圓計算

交通對策

Q：如何抵達第一站下鴨神社？

A 教你從JR京都站出發或京阪出町柳前往的交通方式，如下方簡圖。

| JR京都站 | 步行 即到 | 京都站前 | 巴士4 / 205 30分鐘 | 下鴨神社前 | 步行 3分鐘 | 下鴨神社 |
| 京阪出町柳站 | 步行 即到 | 出町柳站前 | 巴士4 4分鐘 | | | |

下鴨神社・銀閣寺・河原町相對位置圖

上賀茂神社

賀茂川

1 下鴨神社

高野川

叡山電車本線

2 鴨川

今出川

出町柳

地下鐵烏丸線

京都御所

101

巴士203 (20 min)

京阪鴨東線

巴士5 (20 min)

巴士5 (10 min)

7 銀閣寺

日之出烏龍麵

5 平安神宮

3

鴨川

巴士5 (1 min)

元離宮二条城

4 南禪寺

地下鐵東西線

10 四条河原町

烏丸

河原町

四条

6 AYANOKOJI 岡崎本店

38

9 三嶋亭 高島屋店

Q：可以搭巴士一路從下鴨神社玩到銀閣寺嗎？

A 可以！各個景點間都有巴士可以連接，從下鴨神社搭乘巴士來到南禪寺，一路玩往平安神宮、銀閣寺，三處所在位置各有一小段距離，步行至少都是10分鐘起跳，為節省腳力，當然要好好利用巴士！距離稍遠的河原町當然也是搭巴士。

省錢妙招 TIPS

如果會在京都一天內多次搭乘市巴士、地下鐵，推薦在地下鐵車站，或是第一站搭公車下車時，就跟司機購買「地下鐵・巴士一日乘車券」（￥1,100），這樣就不用每次搭車都買一次車票，而且只要搭上5趟就回本囉！

綠意盎然的古老神社

1 下鴨神社（賀茂御祖神社）
Shimogamo Jinja

✉ 京都市左京區下鴨泉川町59 ☎ 075-781-0010 ⏰
06:30～17:00 🚌 市巴士4、205「下鴨神社前」站牌步
行5分，京阪「出町柳」站步行12分
🌐 www.shimogamo-jinja.or.jp 🗺 P.47、50

祈求變美麗的河合神社

廣達 36,000 坪的糺之森

在鏡繪馬前畫上你期望的美麗
臉龐吧！

京都最古老神社之一，在平安遷都
後，漸漸成為京城的守護神社。來到
神社入口處，圍繞在神社周圍綠意盎然
的原生林，便是糺の森，此處空氣清新，走在其
中，讓人不自覺放鬆，忘記喧囂俗擾。進入朱紅
的樓門，可以看到2棵分開的樹木相合為一，便是
許多京都女性祈求好姻緣的相生社。而境內的河
合神社，祭祀著日本第一美麗神「玉依姬命」，
也是愛美女性祈求變美麗的神
社。對於千年前的平安風情有興
趣的話，不妨於5月15日前往，京
都三大祭典之一的的葵祭，便是
由下鴨神社舉辦，每年此時，皆
可見身著平安時代華麗古裝的龐
大隊伍巡遊京都。

顯眼的紅色樓門

下鴨神社地圖

京都最悠閒散自在的時光

2 鴨川
Kamogawa

🚉 京阪「出町柳」站3號出口 🗺 P.47、50

貫穿京都的鴨川，有如京都的動脈一般，京
都人的休閒時光，可說與它息息相關。在這可以
看到有人在河岸賞花、聊天、跳飛び石、做日光
浴、想事情，年輕人則會在橋下練習樂器、唱
歌、跳舞，特別能感受京都人日常時光是如何度
過的。

這條水域，從賀茂川流至賀茂大橋(加茂大橋)前

和東側的高野川合流後，才叫做鴨川。匯流處就
是出町柳車站一帶，許多電視劇的跳「飛び石」
(日式庭園裡鋪路的步道，多見於沙子、流水上連
接兩地的路徑)場景都是在此拍攝，而出町柳的飛
び石多為烏龜形狀，久而久之，大家都會說到鴨
川跳烏龜。須特別注意，烏龜石非常大，小孩子
跨越時請小心，若遇到大雨、漲水，也較不適宜
前往。

午後的鴨川畔，相當適合散步、聊天、甚或是做日光浴

▶▶▶ 到神社祈福招好運！

御神籤、御守與朱印

　　大家到神社參拜，無非是想締結良緣、祈求生意興隆或有個好運氣等等，除了祈求外，每個神社也都有專屬於自己特色的御神籤、御守、動物籤、繪馬等物品，這些有著保佑意味的小物，對於一生可能只會來這間神社這麼一次的外國遊客來說，便成了最佳伴手禮紀念品。以下特別介紹神社各式小物的含義與神社間吉祥物的不同。

上賀茂神社八咫烏形狀的御神籤，是日本初代神武天皇東征大和國時的引路鳥

No.1　御神籤（おみくじ）

如果求到不好的籤，便不能帶回家，要把它綁在神社旁，讓神職人員幫你向神明祈福，若是寺廟，寺裏的和尚會幫忙念經消災

　　到日本神社抽籤前，要先想好自己的問題，而且在前一天便要默念神社的名字+大神樣（おおかみさま），比如說要到春日神社就是默念「春日大神樣」，並說出參拜的主要目的以及想要問的問題、祈求神明可以給你一個建議。

No.2　動物籤

奈良春日大社的使者：鹿，被做成特色的木製鹿御神籤。圖中這隻，是奈良春日大社在第 60 次造替 (每隔固定的年限，神殿便會重新建造一次) 遷宮時，所推出的期間限定品

　　御神籤除了一般的紙條外，也有其他不同的形式，而京都最有名的，便是各種各樣的動物籤，但並非所有神社都有。而動物籤的造型，便是以十二生肖、日本的歷史或神話有關的動物做出來的，將各個神社的代表動物做成可愛的動物籤，除了祈求神明保佑，也變成很多人的紀念收藏品。

No.3　御守（お守り）

清水寺緣結御守

　　御守簡而來說便是保佑的護身符，在日本，幾乎可以找到各種想要祈求保佑的御守，從一般的戀愛、健康、學業，到生意、生產，甚至在清水寺還可以找到頭痛御守。購買御守時，神職人員會將御守裝進寫著神社和御守名稱的白色紙袋中。

No.4　朱印（しゅいん）

美山常照皇寺單張朱印

　　朱印(しゅいん)又稱為御朱印（ごしゅいん），是到神社或是寺廟參拜後，神職人員以書法寫上當天參拜的日期，蓋上朱印章，代表給參拜者的一項證明。朱印源自中世紀的「納經印」，是廟方人員給抄經者的一個證明，以感念其功德。到江戶末期獨立出來，成為信眾參拜的證明。

┌─ 豆知識 ─

御神籤　求籤順序

1 參拜。依前述方法祈求神明給建議。

2 抽籤。抽籤前再次默念問題。

3 解讀。抽到的籤是根據你的問題而解答，假設是問戀愛，籤上戀愛項目的答案才是神明給予的建議喔。

銀閣寺．平安神宮．南禪寺周邊地圖

交通 *Tips*

哲學之道、平安神宮都是京都的賞櫻名所，若是在櫻花季前往，很容易遇到塞車、上不了巴士的窘境，為避免減少遊興，建議可以多花點錢搭乘地鐵到鄰近的車站，再搭配公車，才不會被堵在路上。

遊玩鐵則

不想餓著肚子排隊，開門前10:40就來排隊！

豆皮咖哩烏龍麵

隨餐附上紙圍兜套在身上防止衣服髒掉

11:00 ～ 12:15

香醇濃郁咖哩烏龍麵

3 日之出烏龍麵（日の出うどん）
Hinode Udon

✉ 京都市左京區南禪寺北ノ坊町36 ☎ 075-751-9251 🕐 11:00～16:00(15:30最後點餐，週日、第1、3個週一公休，7、8、12月不定休) 🚌 市巴士「東天王町」步行5分 Map P.47、50

以咖哩烏龍麵聞名的排隊名店，明明才14:00，店門口就掛上本日終了，即可知其熱門程度。那加入昆布、鰹魚熬煮的咖哩，味道溫醇濃郁，招牌的特製咖哩烏龍麵(特カレーうどん)除了軟而微彈的烏龍麵，腐皮、牛肉片搭著吃也不會有油膩感。咖哩湯汁可以選擇辣度，其辛香料並不會辣到受不了，而是相當溫醇。

經典台詞「絕景啊絕景！」的寺院

4 南禪寺
Nanzenji

✉ 京都市左京區南禪寺福地町 📞 075-771-0365 🕐 方丈庭園、三門08:40～17:00(12～2月營業至16:30) 💲 方丈庭園¥600、三門¥600 🚌 市巴士「南禪寺・永觀道前」或地下鐵東西線「蹴上」站步行10分 Map P.47、50 🌐 www.nanzen.net

購票進入方丈庭園，才能欣賞到大方丈室前的枯山水庭園，與小方丈室的障壁畫(這兩處讓南禪寺名列日本國家級名勝)。

南禪寺原為龜山天皇的離宮，在天皇出家後改為寺院，在京都的地位可是非常崇高，有著凌駕於京都五山之上的最高位階呢！抵達南禪寺後，可以看到巨大的三門，由於曾出現在歌舞伎名劇中而聲名大噪。南禪寺境內能逛的點很多，紅磚砌成的水路閣頗具歐式風情，但和寺院的風格不太搭嘎；需要門票入場的方丈庭園，大方丈室前的枯山水庭園與小方丈室的障壁畫都是不可錯過的精采景點。

參觀重點

重要文化財 三門

禪宗寺院入口大門象徵三種解脫：空、無相、無作，簡稱為三門。而南禪寺的三門，是在歌舞伎名劇《樓門五三桐》中的知名盜賊石川五右衛門在三門上眺望時，說了名句：「絕景啊絕景！」的著名舞台，有時間不妨登上三門欣賞一下高處的景致。

1890年竣工 水路閣

非常適合拍照的休閒景點，為琵琶湖的疏水道，參考古羅馬水道橋，並以紅磚砌成，充滿了歐式風情。

國家名勝 方丈庭園

方丈庭園內有相當多美麗的庭園，為江戶初期的枯山水庭園代表作，而大方丈前的枯山水庭園，又以雌虎帶著3隻虎子渡河故事的樣子排列，而稱「虎子渡河」(虎の子渡し)。

下鴨神社・銀閣寺・河原町

13:45 ～ 14:45

遊玩鐵則
櫻花季時一定要前往列入國家名勝的神苑參觀，南神苑的枝垂櫻與東神苑的池上倒影甚是迷人！

重現平安京風華的神社

5 平安神宮
Heianjingu

✉ 京都市左京區岡崎西天王町 ☎ 075-761-0221 ◷ 06:00～18:00，神苑 08:30～17:30(有季節性變動) $ 境內參觀免費，神苑¥600 🚌 市巴士「岡崎公園・美術館・平安神宮前」站牌步行3分 🌐 www.heianjingu.or.jp 🗺 P.47、50

平安神宮表參道神宮道正門「應天門」

東神苑的泰平閣上，看栖鳳池倒映尚美館，是最棒的拍照角度

想感受平安都城建築舊日風華，就來平安神宮吧，這裡可是為紀念平安都建都1,100年而建立的，部分建物為仿平安時代皇居建物。一下巴士，很難不注意到神宮道上那鮮紅的鳥居，超過24公尺的高度讓人驚呼其雄偉。

春季粉櫻飛

平安神宮的參觀亮點，便是占地遼闊的神苑，每到櫻花季，神苑內超過300株的櫻花盛開，此景美不勝收，也難怪每年此時節，總是吸引了無數遊客前往。神苑分為南苑、西苑、中苑、東苑4區，南苑整片的紅枝垂櫻，盛開之際猶如櫻粉遮天；西苑池泉迴遊式庭園意境悠遠；最後來到東苑，從泰平閣觀賞尚美館在栖鳳池上的倒影，粉櫻包圍栖鳳池，景致令人驚豔無比。須要特別注意的是，神苑賞櫻期間禁止使用腳架。

高 24.4 公尺的超大鳥居

小川治兵衛設計的花木造景「神苑」

秋日時代祭

京都三大祭典之一的時代祭，每年10月22日在此舉行，由約莫2千人的隊伍，身著從平安時代(西元794～1192年)到明治維新(約西元1860～1880年)各時期的古代服飾於市內浩浩蕩蕩地巡遊，這可是了解日本文化與近千年歷史的大好機會。

14:50 ～ 15:20

職人手作口金包

6 AYANOKOJI 岡崎本店

✉ 京都市左京區岡崎南御所町40-15 ☎ 075-751-0545 ◷ 10:00～18:00 🚌 市巴士「岡崎公園・動物園前」站牌步行6分 🌐 ayanokoji.jp 🗺 P.47、50

由日本職人手工製作的口金包，花樣獨具特色，更有許多時尚款式的口金包，強調使用的功能性，部分限定樣式甚至沒有現貨，需要事先預定，等待數週的製作時間，也可以自備布料請店家製作自己喜歡樣式的包包喔！

15:40 ～ 16:40

高雅樸實之美

7 銀閣寺
Ginkakuji

✉ 京都市左京區銀閣寺町2 ☎ 075-771-5725 ⏰ 08:30～17:00(3/1～11/30)，09:00～16:30 (12/1～2月底) 💲 ¥500 🚌 市巴士「銀閣寺道」站牌步行7分
🌐 www.shokoku-ji.jp/ginkakuji Map P.47、50

西元1482年，室町幕府第8代將軍足利義政建造的別墅山莊，在本人去世後，根據其遺言改為寺院，正式名稱為慈照寺。

銀閣寺雖沒有與其名相符的銀箔裝飾，卻流露出高雅樸實之美，其庭園為日式枯山水式、迴遊式兩大日本庭園造景流派所構成，順著庭園小路散步可細細欣賞花木之優雅姿態，往上走還可一覽銀閣寺的全景。觀音殿和東求堂，更是東山文化的代表。

傳說中可坐著欣賞由東山升起的月亮而建造的圓錐梯形堆沙

山頂的展望所可眺望京都市區與銀閣寺

高約60公分的銀沙灘，白沙可以把太陽與月亮的光反射到室內做採光

16:46 ～ 17:20

名列日本の道100選

8 哲學之道
Tetsugaku no michi

🚌 市巴士「銀閣寺道」站牌步行3分 Map P.50

銀閣寺前到熊野若王子神社間長達2公里的石坂散步小道，由於哲學教授西田幾多郎喜歡沿岸邊散步邊思索哲學問題，而得名「哲學之道」，更被選為「日本的道100選」之一。沿途潺潺流水聲及鳥啼聲，漫步其間一整個舒服放鬆。每到櫻花季，兩岸開滿了染井吉野櫻，看著水上小鴨戲櫻，不覺希望時間就此停住。

其他推薦

和紙與絹製和風創意小物
風の館二号店
Kaze no Yakata

✉ 京都市左京區淨土寺上南田町67 ☎ 075-751-1007 ⏰ 09:00～18:00(不定休) 🚌 市巴士「淨土寺」站牌步行7分
🌐 www.kazenoyakata.co.jp Map P.50

哲學之道上的手工和紙店，門口西陣織的絹絲加工製作的絹絲風球，造型相當夢幻，而店裡以和紙做的和服娃娃、小飾品、雜貨，都讓人愛不釋手。

新京極商店街

四条河原町

Yamamoto 販賣軍事相關商品、模型槍

四条河原町地圖

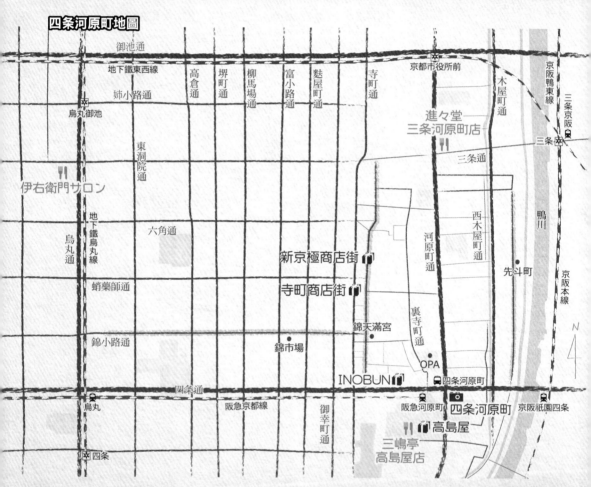

御池通
地下鐵東西線
姉小路通
烏丸御池
高倉通
堺町通
柳馬場通
富小路通
麩屋町通
寺町通
京都市役所前
進々堂
三条河原町店
木屋町通
京阪鴨東線
三条京阪
東洞院通
三条通
三条
伊右衛門サロン
地下鐵烏丸線
六角通
烏丸通
鴨川
西木屋町通
河原町通
蛸藥師通
新京極商店街
寺町商店街
先斗町
京阪本線
錦天滿宮
裏寺町通
錦小路通
錦市場
OPA
INOBUN
四条河原町
N
四条通
烏丸
阪急京都線
御幸町通
阪急河原町
四条河原町
京阪祇園四条
四条
三嶋亭
高島屋店
高島屋

蒐集世界各國民族文化元素的服飾店

寺町商店街

ロンドンヤ店內正在製作白豆沙小饅頭

17:50 ～ 19:00

將肉沾著蛋汁吃，更是美味

不吃會後悔

9 三嶋亭 高島屋店
Mishima Tei

✉ 京都市下京區四条通河原町西入真町52番高島屋7F
☎ 075-252-7800 ⏰ 週一～四11:00～15:30，週五～日
11:00～19:30 🚃 京阪「祇園四条」站步行5分 🌐 www.
mishima-tei.co.jp 🗺 P.47、54

說到關西壽喜燒，三嶋亭的牛肉壽喜燒絕對是一等一的美味！店內使用的牛肉，都是從日本國內精挑細選而來的頂級牛肉。看著店員熟練地在八角鍋上鋪上一層糖並放入肉，那鍋子滋滋作響，肉香味撲鼻而來，已是一番享受。將肉片沾著蛋液，入口即化的肉質，與肉本身的鮮甜，配著白飯一起吃，美味讓人驚呼不已！

如此的美食佳肴，價格當然不斐，位於京都鬧區、四条河原町高島屋7樓的高島屋分店，特選壽喜燒全餐(すき燒特撰コース)約莫¥8,640，上等壽喜燒全餐(すき燒上コース)約¥6,480，價格不分午晚餐，也無須事先預約喔！

店員親自服務將食材入鍋，並與客人有說有笑

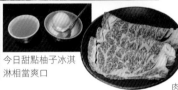
今日甜點柚子冰淇淋相當爽口

飲食豆知識

壽喜燒 源自於江戶時代的關西，當時農民肚子餓，會就地將鋤頭金屬部分當作鍋具放在火上烤食物，而有「鋤燒」(Sukiyaki) 之稱。在關西壽喜燒先以牛油熱鍋，再放牛肉，下砂糖、淋上酒與醬油續煮，最後放蔬菜配料；關東作法則是將熱好的鍋倒入高湯、醬油、糖與味醂等醬汁，再和牛肉蔬菜一起煮。

肉質細膩、油花分布均勻的牛肉

19:00 ～ 20:30

京都購物最中心

10 河原町購物商圈
Shijo Kawaramachi

遊玩鐵則
河原町的百貨公司、商家多數20:00就打烊了，喜歡購物的話，建議停留在京都的晚上都可以安排來這一帶逛。

Goal

都晚上沒地方去，到最大鬧區町準沒錯。四条通周邊有許多大型百貨公司，鬧區地標的高島屋，從流行時尚到美食樣樣俱全，而OPA則是榮登「小資女的購物天堂」，日本年輕人最愛的購物殿堂，價格平易近人且品牌齊全，鄰近的新京極商店街、寺町商店街，更是有著許多特色店家、藥妝店等等。京都的市民廚房，各式令人垂涎三尺的錦市場，也是吃吃逛逛的好去處。

OPA 聚集許多雜誌介紹的流行商品，相當受年輕女性歡迎

地下美食街超好買的高島屋

下鴨神社・銀閣寺・河原町

▶▶▶ 河原町購物商圈

販售各式和風布包的京都雜貨店「京極井和井」

SmallChange 販售歐美 50 ～ 70 年代古著服飾

INOBUN 的店面散發出高質感氣息

賣著超萌治癒系小海豹しろたん的店鋪

特色服飾店

店內有許多漂亮的雜貨用品

🎁 新京極商店街
Shinkyogoku

日本第二古老商店街

河原町附近最熱鬧的商店街，整條商店街非常長，大家可以一路從四条通入口逛到三条通約莫200家的店鋪，為日本第二古老的商店街，除了KTV、電影院，各式潮流衣服、個性商品、伴手禮、生活雜貨、文具、餐廳等一應俱全，平價的消費相當受到日本年輕人歡迎。有天棚，不怕日曬雨淋。

📧 京都市中京區新京極通三条通至四条通間 🕐 11:00～21:00(此處僅為約略營業時間，實際請依照各別店家公告為主)🚃 阪急京都線「河原町」站9號出口即是 🌐 www.shinkyogoku.or.jp 🗺 P.54

🎁 寺町商店街
Teramachi Dori

寺廟林立的商店街

在新京極商店街西邊，與之平行的寺町通一樣有天棚覆蓋，形成於豐臣秀吉改建京都之時，洛中一帶的寺廟大量搬遷至此處，而得名「寺町」，也是京都頗具歷史的街道。

一路從四条通延伸至三条通的商店街，從咖啡廳、餐廳至特色服飾店、京風商品等等，吸引了許多人潮。

📧 京都市中京區寺町通三条通至四条通間 📞 075-241-0084 🕐 11:00～21:00(此處僅為約略營業時間，實際請依照各別店家公告為主)🚃 阪急京都線「河原町」站9號出口步行1分 🌐 www.kyoto-teramachi.or.jp 🗺 P.54

🎁 INOBUN（イノブン）四条本店

雜貨控的血拼天堂

一走到店門口，便不自覺被那溫馨的擺設吸引進店裡，起源於1814年至今已有200年的生活雜貨鋪，從店門口的擺設，便可以感受到商品的高質感，包含地下層到4樓的空間，從家居用品、廚房用具、女性飾品、禮品卡片、文具、園藝用品、兒童用品等應有盡有，且款式都非常有設計感，喜歡日系雜貨的話，一定會尖叫著想把整間店帶回家。

📧 京都市下京區四条通河原町西入ル御旅町26 📞 075-221-0854 🕐 10:00～20:30 🚃 阪急京都線「河原町」站6號出口即是 🌐 www.inobun.jp 📷 inobun_style 🗺 P.54

5月葵祭為京都三大祭之一

上賀茂神社
Kamigamo Jinja

✉ 京都市北區上賀茂本山339 ☎ 075-781-0011 🕐 08:40～16:30(12/1～2月底)，08:40～17:00(3/1～11/30) 🚌 市巴士4「上賀茂神社前」站 http www.kamigamojinja.jp Map P.47、48

神馬舍：據說馬是神明的坐騎，古時候會將奉獻給神社的馬匹圈養於此

　　上賀茂一帶的住宅與古寺氛圍相容，街道相當漂亮，每到春天，茂名川沿岸開滿了櫻花，沿著岸邊散步到上賀茂神社非常幽靜自在，附近的北山通，則有漂亮的音樂廳、咖啡館。

　　上賀茂神社於平安時期前建造，可說是京都最古老的神社，京都三大祭中的「葵祭」(賀茂祭)便由下鴨神社與上賀茂神社在5月15日舉行，是欣賞傳統貴族風情的最佳祭典。而5月5日舉辦的賽馬盛事「賀茂競馬」，看穿著平安時代貴族古服的騎士策馬狂奔，也是這裡的精彩年事。每個月第4個週日於此舉辦的手作市集(時間09:00～16:00)，有杯子、布包、飾品等五花八門的手作雜貨，手作麵包更是常大排長龍呢！

遊玩鐵則
永觀堂賞夜楓人潮眾多，建議17:00提早去排隊。夜觀楓葉拍照不能使用腳架。

鄰近哲學之道的賞楓名所

永觀堂（禪林寺）
Eikando

✉ 京都市左京區永觀堂町48 ☎ 075-761-0007 🕐 09:00～17:00(最後入場16:00)，夜觀17:30～20:30(21:00閉門) 💲 ¥600 🚌 市巴士「南禪寺・永觀堂道」步行8分，地下鐵東西線「蹴上」站步行10分 http www.eikando.or.jp Map P.50

　　自古便是賞楓名所，每到秋季，境內將近3千株楓樹染紅寺院的美景，故有「紅葉的永觀堂」盛名。供奉的主神「回首阿彌陀佛」，佛像姿勢相當獨特，並非看前方，而是回頭朝左方望，據說此姿勢源自阿彌陀佛回頭看高僧永觀的傳說。

日本最老牌湯豆腐店

総本家 ゆどうふ 奥丹
Souhonke Yudofu Okutan

✉ 京都市左京區南禪寺福地町86-30 ☎ 075-771-8709 🕐 11:00～16:00(週末、假日延長至16:30，週四公休) 💲 ¥3,000 🚌 市巴士「南禪寺・永觀堂道」步行8分 http 奧丹清水店www.tofuukutan.info Map P.50

　　創立於1635年江戶時代，已有380餘年歷史，可說是日本最古老的湯豆腐店。位於南禪寺附近幽靜的店面，用餐環境風情古樸，可以欣賞庭園美景，同品嘗優質的豆腐料理。使用國產黃豆自製的豆腐料理，保有豆腐的原味，唯一的套餐「湯豆腐套餐」(ゆどうふ一通り)，那湯豆腐吃來滑嫩而清淡，加入蔥、醬汁一起食用更加添風味。

Route 3

搭公車遊遍
京都知名景點

京都車站 · 錦市場 · 二条城

「早安，京都！」來到飲食文化深厚的京都，不妨來份早餐，充電過後再開始一天的旅程。在這裡，世界遺產不再遙不可及，京都車站步行可及的東、西本願寺，欣賞古色古香的建築，中午則來品嘗優雅的「京懷石料理」，而後逛逛有著生鮮食材、漬物、雜貨、蛋卷等，又名「京都廚房」的錦市場。再參觀二条城，遙想當年德川家的繁華與權勢，最後回到京都車站，極具現代感的京都車站，不僅是交通轉運站，更是一座大型商城，在拉麵小路來碗熱騰騰的拉麵後，便是血拼的時刻，匯集了所有你想得到的京都伴手禮，包你逛到腿軟。

Start

09:00~10:00　1　INODA COFFEE

於京都車站搭乘市巴士75、9、28於「西本願寺前」下車(車程10分)

10分鐘

10:10~10:50　2　西本願寺

15分鐘

步行15分

11:05~11:40　3　東本願寺

20分鐘

從巴士站「烏丸七条」搭市巴士5於「四条高倉」下車(車程20分)

12:00~13:30　4　じき宮ざわ 懷石料理

沿堺町通往錦小路方向步行1分內

13:30~14:50　5　錦市場

搭乘市巴士12(車程15分)

15分鐘

15:05~16:30　6　二条城

搭乘市巴士9、101(車程20分)

20分鐘

16:50~17:50　7　京都拉麵小路

Goal

17:50~20:00　8　京都車站大樓

一日花費
小 Tips

INODA COFFEE	1,600
京都巴士車票	920
懷石料理	6,600
二条城	600
拉麵小路	800
Total	10,520

※ 以上幣值以日圓計算

交通對策

　　Route 3走的京都車站周遭、錦市場、二条城都有巴士連接。從京都車站步行至西本願寺約15分鐘，因此建議直接搭乘巴士節省腳力；而西本願寺往東本願寺並無巴士接駁，但可沿著復古巷弄走到「堀川通」入口，邊走邊逛15分鐘可到。

　　從東本願寺往錦市場一帶用中餐，可直接在寺院門口附近搭公車到「四条高倉」站。吃完懷石料理，一路沿著錦市場逛到四条河原町一帶搭巴士到二条城，最後再搭巴士回京都車站。車站內超多伴手禮店可逛，還可登上頂樓大空廣場看夜景。

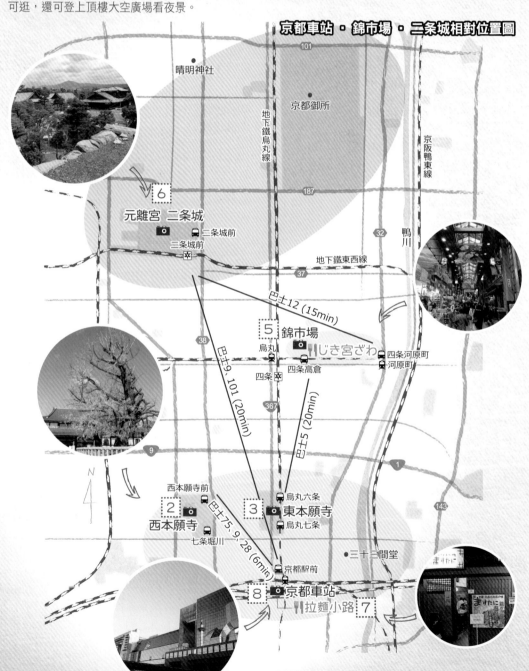

京都車站 ‧ 錦市場 ‧ 二条城相對位置圖

晴明神社

京都御所

101

187

地下鐵烏丸線

京阪鴨東線

6　元離宮 二条城
二条城前
二条城前

32　鴨川

地下鐵東西線

37

巴士12 (15min)

5　錦市場
烏丸　じき宮ざわ
四条高倉　四条河原町／河原町

38

巴士9、101 (20min)

四条

367

巴士5 (20min)

9

1

N

西本願寺前

2　西本願寺

巴士75、9、28 (6min)

3　東本願寺
烏丸六条
烏丸七条

七条堀川

京都駅前

三十三間堂

143

8　京都車站　🍜 拉麵小路　7

Start 09:00 ～ 10:00

京都代表性咖啡廳

1 INODA COFFEE
（イノダコーヒ）八条口支店

✉ 京都市下京區東塩小路高倉町8-3 京都站八条口1F ASTY ROAD ☎ 075-574-7478 ⏰ 08:00～19:00(早餐時間到11:00) 🚉 京都車站JR東海道新幹線「八条東口」出口 🌐 www.inoda-coffee.co.jp 🗺 P.61

繁忙的京都車站內有著一間西式古典風格的咖啡廳，結束長途旅行的旅客來到此稍作歇息，年輕上班族放鬆滑手機查看新訊息，老朋友聚在一起聊天，舒適的氣氛彷彿隔絕了外頭的喧囂一般。進到餐廳內，身著西餐制服的服務生氣質彬彬地為客人拉開座椅並遞上一杯冰水，點餐後不消一刻，服務生便將盛裝著色彩繽紛的西式朝食端上桌，一邊吃著炒蛋火腿，小啜一口微酸的黑咖啡，靜靜享受京都一天的開始。

「京の朝食」滑順的炒蛋與奶香味十足的可頌，還有火腿、沙拉、水果、果汁，非常豐富

沉穩的咖啡色裝潢，帶出咖啡廳用餐舒適的意象

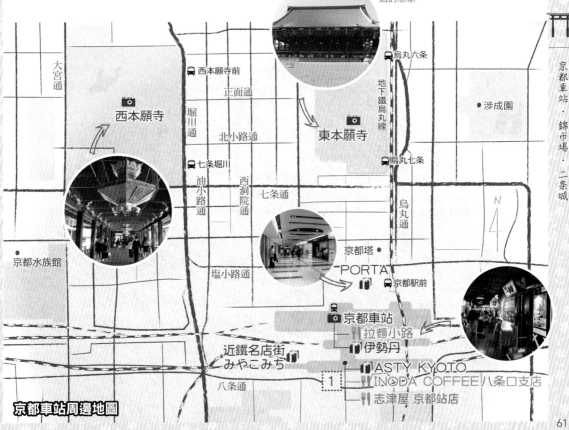

大宮通

🚌 西本願寺前

正面通

📷 西本願寺

堀川通

北小路通

🚌 七条堀川

🚌 烏丸六条

地下鐵烏丸線

📷 東本願寺

🚌 烏丸七条

● 涉成園

油小路通

西洞院通

七条通

七条通

烏丸通

● 京都水族館

塩小路通

京都塔 ●

🧳 PORTA

🚌 京都駅前

📷 京都車站

🍜 拉麵小路

🛍 伊勢丹

近鐵名店街
みやこみち

八条通

1 ASTY KYOTO
🍴 INODA COFFEE八条口支店
🍴 志津屋 京都站店

京都車站周邊地圖

▶▶▶ 京都早餐名店

🍴 進進堂(進々堂) 三条河原町店
Shinshindo

受歡迎的老字號烘焙坊

　　創立於1913年的進進堂，創辦人續木齊可是日本至巴黎學習法國麵包製作的先驅，他的麵包在京都相當受歡迎，也因此開始了烘焙坊、餐廳的經營。來進進堂享受西式早餐，建議一定要點套餐，享有超值的進進堂麵包吃到飽喔！

✉ 京都市中京區三条通河原町東入ル中島町74番地 Royal Park Hotel The Kyoto 1F ☎ 075-241-1179 ⏰ 07:30～20:00(早餐最後供應11:00，最後點餐19:00) 🚇 地下鐵東西線「三条京阪」站沿三条通往西步行5分 http www.shinshindo.jp Map 見P.54四条河原町地圖

美麗優雅的用餐環境

麵包選擇相當多，一不小心就
會吃太撐

店內販售的可口麵包

🍴 志津屋 京都站店
SIZUYA

必點招牌是炸牛肉三明治 洋蔥火腿三明治 (カルネ)

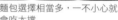

　　1948年開業的京都老牌烘焙坊，以超人氣早餐聞名。推薦必點的招牌是炸牛肉三明治(元祖ビーフカツサンド)，麵包香氣四溢，口感鬆軟富彈性，搭配柔嫩厚實的牛排和店家特調的美味醬汁，令人愛不釋手。

　　另一明星商品是洋蔥火腿三明治(カルネ)，選用源自奧地利的德式傳統凱薩麵包(Kaisersemmel)，外層酥脆，內部鬆軟有彈性，內餡夾洋蔥和火腿，並塗抹輕薄奶油，散發著誘人的香氣。結合洋蔥的甜味和微鹹的火腿，這款簡單而美味的三明治讓人欲罷不能。

炸牛肉三明治 (元祖ビーフカツサンド)

✉ 京都府京都市下京区東塩小路高倉町8-3 京都駅八条口 アスティロード内 ☎ 075-692-2452 ⏰ 07:00～21:00 🚇 京都車站JR東海道新幹線「八条東口」出口 http www.sizuya.co.jp http kyoto_sizuya Map P.61

10:10 ～ 10:50

桃山時代藝術風格的世界遺產

2 西本願寺
Nishi Hongwanji

遊玩鐵則
西本願寺的秋季也很美，別忘了來看御影堂前壯觀的金黃銀杏。

✉ 京都市下京區堀川通花屋町下ル ☎ 075-371-5181
🕐 05:30～17:00(3、4、9、10月～17:30，5～8月～18:00) 🚌 市巴士「西本願寺前」站
http www.hongwanji.or.jp Map P.60、61

原稱「本願寺」，淨土真宗本願寺派的總寺廟，走在木造建築內，頓時感到日本特有的禪意，而華麗精細的建築設計呈現了桃山時代的藝術風格，不愧是登錄為世界遺產的古寺。寺內的唐門是日本國寶，其他景點如書院的壁畫、枯山水樣式的虎溪之庭等也都是寺院珍藏，只可惜並不對外開放參觀。其中「飛雲閣」與金閣寺、銀閣寺並稱為「京都三名閣」，與日本最古老的「能舞台」同列為國寶，一樣需要預約參觀。

參觀重點

唐門

富麗堂皇的唐門是日本國寶，有著檜木皮的唐破風屋頂，上頭麒麟、鳳凰、鶴、龍等雕刻栩栩如生，由於會讓人欣賞到忘了時間的流逝，而有「日暮門」之稱。

御影堂

御影堂供奉親鸞聖人的木雕像，左右則供奉本願寺歷代住持僧的御影，寺內重要儀式皆在此舉行。

阿彌陀堂

阿彌陀堂為西本願寺內最大的建築，供奉阿彌陀佛的木雕像。

御影堂為世界最大木造建築

3 東本願寺
Higashi Honganji

遊玩鐵則
在秋天，東本願寺前烏丸道的黃橙美景令人醉心，值得一看。

✉ 京都市下京區烏丸通七條上る ☎ 075-371-9181 ⏰ 05:50～17:30(3～10月)，06:20～16:30(11～2月) 🚉 京都車站中央改札口往七條通方向步行7分
🌐 www.higashihonganji.or.jp 🗺 P.60、61

日本淨土真宗大谷派的大本山，1602年，為了避免本願寺勢力坐大，在德川家康支持下脫離(西)本願寺教派，由於位在本願寺派本山的東側而稱「東本願寺」，與西本願寺的建築很相近，其御

影堂為世界最大木造建築。

東本願寺信徒多達1千萬人以上，在興建御影堂、阿彌陀堂時，由女信眾們敬獻的髮絲編成了稱作「毛綱」的繩索來搬運木材，而建成了東本願寺，大家也可以在東本願寺的展示品中看到這條驚人的「毛綱」。

氣勢磅礴的御影堂，安置了開山宗祖親鸞聖人的木雕像

絕品美味的燒胡麻豆腐

4 じき 宮ざわ
Jiki Miyazawa

遊玩鐵則
懷石料理午餐時段吃比較划算，座位有限，請務必事先預約。

✉ 京都市中京區堺町通四条上ル東側八百屋町553-1
☎ 075-213-1326 ⏰ 12:00～13:45，18:00～20:00(週三公休) 💲 午餐¥6,600起，晚餐¥13,200起
🚇 地下鐵烏丸線「四条」站、阪急「烏丸」站步行5分
🌐 www.jiki-miyazawa.com 🗺 P.60、65

拉開木製拉門，笑容可掬的服務生便迎上前打招呼，貼心替客人脫下外套掛好，走進店裡，同一時段用餐的客人早已入座，一臉期盼地望著備餐中的師傅，在簡短的自我介紹後，師傅送上懷石料理中的第一道先付，逐一向每位客人介紹餐點，於用餐期間，師傅環視全場，觀察每位客人的用餐狀況，適時調整上餐速度，依序將生魚片、碗湯、炊合、米飯、水物送上桌。由店家嚴

選食材製作的京都料理，盛裝在講究的器皿中，每一口都是師傅的巧思，在じき宮ざわ，不需高昂的價錢就可以享用米其林一星的茶懷石料理，是超值的奢華享受。

吧檯座位每次只接受10位客人，可以欣賞師傅料理食材

◀ じき 宮ざわ午餐全餐 ▶

含先付、向付生魚片、碗湯、燒胡麻豆腐、米飯、泡菜與最中

先付　　碗湯　　向付生魚片　招牌燒胡麻豆腐

飲食豆知識

京懷石料理大全

懷石料理起源於茶道，在茶會開始前，主人為客人準備簡單的餐點良用，避免客人空腹飲茶，而後演變成茶會時品嘗的料理。「懷石」兩字則源自禪僧修行時，在腹上放暖石以對抗飢餓與寒冷而來。

懷石料理講究上餐順序，一般由先付(前菜)開始依序上八寸(下酒菜)、向付(生魚片)、碗物(吸物)等，接著是主菜、御飯、熱湯，並以水物(甜點水果)及茶作結，中間的菜色、上菜順序會因店家而異。

13:30 ～ 14:50

京都的廚房

遊玩鐵則
17:00店家開始準備打烊，可別拖太晚才來。

5 錦市場
Nishiki Ichiba

✉ 地下鐵烏丸線「四条」站；阪急「烏丸」站步行3分、「河原町」站步行4分 http www.kyoto-nishiki.or.jp Map P.60、65

俗話說，想了解一座城市人民的生活方式，就要逛他們的市場。錦市場的歷史可是相當悠久，可追溯到江戶幕府時代1615年。店鋪數量超過130家，可以看到不少賣醃漬菜、京都家庭料理、佃煮的店家，也有蔬果店將當季京野菜美美地擺放在竹籃裡，是觀察京都料理常用食材的好地方。

除了小菜、鮮魚生肉蔬果外，也有許多美食料理餐廳，讓你省去一切煩雜的手續，直接大啖在地美食。

主神為「學問之神」菅原道真

錦天滿宮
Nishiki Tenmangu

✉ 京都市中京區新京極通四条上ル中之町537 ☎ 075-231-5732 🕐 08:00～20:00 http nishikitenmangu.or.jp Map P.65

位於繁華鬧區中的錦天滿宮，雖然占地不大，香火卻相當鼎盛，許多人會在此祈求學問、經商的好運勢。境內湧出的「錦之水」是京都名水之一，自製的Hello Kitty御守也相當出名。

據說摸了銅牛的頭會帶來好運，牛都被摸的亮晶晶呢！

錦市場周邊地圖

錦市場 📷

錦天滿宮 📷

錦小路通

烏丸通

地下鐵烏丸線

四条烏丸

東洞院通

高倉通

堺町通

柳馬場通

富小路通

じき宮ざわ 🍴 4

四条通 阪急京都線

麩屋町通

御幸町通

寺町通

裏寺町通

河原町通

往祇園→

四条河原町

阪急河原町

●高島屋

N

烏丸

四条

錦市場店家地圖

```
                              蛸藥師通
          お食事処
          富美家
こんなもんじゃ  柳馬場通        三木雞卵   黑豆茶庵
                                        北尾錦店
                   錦小路通
          打田漬物
          錦店                           京丹波栗子
```

高倉通 / 堺町通 / 錦小路通 / 富小路通 / 麩屋町通 / 御幸町通 / 寺町通 / 錦天滿宮

拜蛋族必吃

三木雞卵
Miki Keiran

✉ 京都市中京區錦小路通富小路西入東魚屋町182
☎ 075-221-1585 🕐 09:00～17:00(年始休業日以外無休) 🌐 mikikeiran.com 🗺 P.66

80餘年歷史的雞蛋專賣店，販賣新鮮雞蛋、高湯煎蛋卷等，煎蛋卷口味非常多，以昆布、柴魚熬成的高湯，再以薄口醬油等祕方調味加上新鮮雞蛋製作，吃來鬆軟又有層次感。

師傅現做蛋卷

蛋卷成品

豆乳甜食專賣

老闆，來支豆乳冰淇淋！

こんなもんじゃ
Konnamonja

✉ 京都市中京區錦小路堺町通角中魚屋町494
☎ 075-255-3231 🕐 10:00～18:00(依季節而異)
🌐 www.kyotofu.co.jp/shoplist/monjya 🗺 P.66

知名豆腐老店「京とうふ藤野」開的豆漿甜點店。招牌的豆乳冰淇淋吃來有著濃郁的豆香；現炸的豆乳甜甜圈，口感則是相當鬆軟又涮嘴，一口接著一口很快就吃完了。

豆乳甜甜圈

佐餐良品

打田漬物 錦店
Uchida Tsukemono

✉ 京都市中京區錦小路通柳馬場西入 ☎ 075-221-5609
🕐 09:00～18:00 (1/1公休) 🌐 www.kyoto-uchida.ne.jp
🗺 P.66

超過70年歷史的漬物店，一桶桶的醬菜桶在店內排排站，販賣的漬物種類甚多，不要錯過京都常見、帶點甜味口感的「千枚漬」，但請特別注意，千枚漬買了要低溫保存才行喔！

一桶桶放著漬物的木桶相當引人注目

黑豆製品琳瑯滿目

黑豆茶庵 北尾 錦店
Kuromame Saan Kitao

✉ 京都市中京區錦小路通麩屋町西入ル東魚屋町192
📞 075-212-0088 ⏰ 09:30～18:00 (依季節而異)，喫茶
11:00～17:00(週二、三公休) 🌐 www.kitaoshoji.co.jp
🗺 P.66

可以用石臼DIY，將黑豆磨成粉，再撒在糯米糰子上食用

創業於1862年，想找與黑豆相關的產品來這裡就對了。使用高級黑豆品種「新丹波」，除了販售黑豆產品，內用的名物「黑豆御膳」也大量使用黑豆入菜，如果點御手洗糰子或蕨餅，還可以享受DIY石臼將黑豆磨成粉撒上糯米糰子的樂趣。

以黑豆入菜的「黑豆御膳」含味噌湯、山椒小魚、炸物、黑豆飯、黑豆及黃豆豆腐、黑豆清酒(さけ)

主打烏龍麵和甜點

お食事処 冨美家
Oshokujidokoro Fumiya

✉ 京都市中京區堺町通蛸藥師下る菊屋町519 📞 075-222-0006 ⏰ 11:00～17:00(週四～日、1/1～1/2公休)
🌐 www.kyoto-fumiya.co.jp 🗺 P.66

1946年創業的日式甜品店，後來開始販售「冨美鍋」後大受歡迎。與甜品店距離不遠的お食事處冨美家，主售烏龍麵與甜點，招牌的名物「冨美鍋」，也就是鍋燒烏龍麵，烏龍麵條吃來偏軟，配料相當豐富，湯頭喝來清爽微甜，最具特色的是烤年糕，意外的和烏龍麵很搭，有機會一定要來試試這碗京風烏龍麵。

放有年糕、炸蝦天婦羅、雞蛋等的鍋燒烏龍麵

品嘗大栗子的滋味

京丹波栗子
Tanba

✉ 京都市中京區錦小路通麩屋町東入鍛冶屋町206 📞
075-212-0989 ⏰ 10:00～18:00 🌐 www.tanba-nouhan.com 🗺 P.66

有著體型超大的栗子，甚至連日本電視台都來採訪，每一顆都很飽滿，栗子採用特殊壓力製法，外殼很容易剝開，買完栗子，還可以到2F免費享用黑豆茶和熱騰騰的栗子休息一下。

巨大栗子

15:05 ～ 16:30

遊玩鐵則
二条城夜間櫻花點燈相當有名，建議提早入場，才不用忍受大排長龍。

見證德川家族興衰的歷史舞台

6 二条城
Nijojo

✉ 京都市中京區二条通堀川西入二条城町541 ☎ 075-841-0096 ⏰ 08:45～17:00，最後入場16:00(12/26～1/4、12月、1月、7月、8月每週二公休)，春季夜觀參拜18:00～21:30(最後入場21:00) 💲 ¥600 🚇 地下鐵東西線「二条城前」站1號出口步行2分，市巴士「二条城前」即是 🌐 nijo-jocastle.city.kyoto.lg.jp 🗺 P60、69

　為德川家康重建作為自己上京面聖時的居所，象徵了江戶幕府的繁榮，也是第十五代將軍德川慶喜宣布大政奉還的舞台，目前已列入世界文化遺產之一。

　由於本丸御殿已燒燬，城內現存最有看頭的是國寶「二之丸御殿」。大河劇戲迷若親身走訪一趟，會覺得這裡充滿了想像的空間，彷彿身歷其境見證了德川家的歷史興衰。

參觀重點

唐門

　金箔裝飾的華麗唐門，上頭雕有唐門少見的竹虎、牡丹獅等猛獸，象徵德川幕府的權勢，而皇室菊紋則是幕府時代結束後，取代德川葵紋徽改上的。

二之丸御殿

　國寶級的二之丸御殿有很多得值一看的點，此為德川家將軍上京時的辦公處，是典型的武家書院式建築。整個建築面積相當大，由6棟獨立宮殿：遠侍廳、蘇鐵之間、式台廳、黑書院、白書院、大廣間相連構成，而其中的大廣間是將軍會見各諸侯的房間，也是宣布大政奉還之處。各個房間內的障壁畫為「狩野派」畫家的作品，既華麗又有藝術價值。走在御殿走廊上，都會有明顯的聲響，此為「鶯聲地板」的設計，行走時牽動地板下機關發出聲響，以防範刺客的侵入。

二之丸庭園

　二之丸庭園是德川家光為迎接後水尾天皇而興建的書院式庭園，水池中央為蓬萊島，左右為鶴龜兩島，象徵著神仙蓬萊世界。

天守閣跡

　天守閣是德川家光從伏見城移築來的，但卻被雷擊燒毀。登上天守閣跡，可以遠眺二之丸御殿、本丸庭園。

清流園

　昭和40年(1965年)造園的清流園，是結合了日式傳統與洋式現代2種風格的庭園，園內有800顆從江戶時代富商宅邸移置過來的庭石，與日本各地蒐集來的300多個銘石，更曾在2005年全日本日式庭園中獲選為第五名。

夜櫻

　二条城的櫻花種類繁多，也是知名賞櫻勝地，尤其夜櫻更是美麗。而二条城夜觀僅開放二之丸庭園、本丸庭園、清流園，清流園出口整條路兩旁種滿櫻花，滿開時美不勝收。

二条城地圖

竹屋町通

山陰本線（嵯峨野線）

二条城

二条城前

東堀川通

美福通

地下鐵東西線

二条

入口

N

押小路通

二条城前

御池通

堀川通

姉小路通

三条通

千本通

高木批發超市

16:50 ～ 17:50

匯聚日本各地知名拉麵

7 京都拉麵小路
Kyoto Ramen Koji

✉ 京都車站大樓西區10F 大階段南側 ☎ 075-361-4401
🕐 11:00～22:00(最後點餐21:30) 🚇 京都車站中央改札口出口左轉，搭乘京都大樓的大階段手扶梯至10F，或由JR「京都」站西改札口，往伊勢丹2F搭乘南電梯至10F 🌐 www.kyoto-ramen-koji.com 🗺 P60、61

　　位在京都車站伊勢丹10F的拉麵小路，聚集了日本從南到北各地的人氣拉麵店，從札幌、博多、富山、大阪到東京等地的拉麵共9家，麵條粗細口感各有特色，湯頭從清爽到濃厚，每天在行程的最後一站回到京都車站，總會想往拉麵小路跑，來碗熱騰騰的拉麵。

京都「ますたに」。湯底竟是雞骨熬製，相當特別

博多一幸

17:50 ～ 20:00　Goal

功能多又好玩

8 京都車站大樓
Kyoto Eki Biru

http www.kyoto-station-building.co.jp Map P.60、61

　　來京都旅遊，多半第一站都會從京都車站開始，這裡可說是京都旅行的門戶，車站外便是公車總站，上車買張京都巴士券，便能暢遊京都各大熱門景點。周圍有步行即可抵達的東、西本願寺，車站內有伊勢丹百貨、人氣咖啡廳、餐廳、購物中心及各大京都伴手禮，任君挑選。京都車站大樓也是觀賞京都塔、京都夜景的好地方呢！

車站由約 4,000 片玻璃打造，其鋼架結構有如京都的棋盤格街道，是一座極具現代感的車站

室町小路廣場連接詩情畫意的流水瀑布電梯 (大階段)，是通往大空廣場的超長手扶梯，若是在晚上前來，建議多加件防風外套，以免著涼

京都車站西裳至高處的大空廣場，可以漫步於空中花園中俯瞰京都夜景

京都車站外可清楚地看到京都的地標「京都塔」

Close Up! 特輯 放大鏡 ▶▶▶

京都車站購物特搜

🎁 **近鐵名店街 Miyakomichi（みやこみち）**

　　與 ASTY ROAD 互通的地下街，和 JR、近鐵京都站也都能相通，有 40 多家伴手禮、餐廳可以逛。

✉ 京都市下京區東塩小路釜殿町31-1 ☎ 075-691-8384 🕐 咖啡店09:00～20:00、餐廳11:00～22:00、商店09:00～20:00 🚇 JR、近鐵「京都」站出口 http www.gnavi.co.jp/kinmei Map P.61

推薦店家

京都北山 Malebranche

◎ 若只想買一樣京都伴手禮，京都北山 Malebranche 販售的「茶の菓」絕對是最佳選擇！以高級抹茶製作的茶の菓，咬下去有香濃的抹茶味與夾心白巧克力的香甜滋味。

🎁 京都站前地下街 Porta
（京都駅前地下街ポルタ）

京都車站大樓內的人氣專門店街，11樓的Porta Sky Dining提供炸豬排、鰻魚飯、牛舌、壽司等美食；2樓則有京漬物、和菓子等伴手禮，以及熟食便當；1樓的伴手禮區販售有京都菓子、生八橋、抹茶、京漬物等；B1主要是書店、咖啡廳、藥妝店；B2則為各式流行物品小店聚集，包含了各大知名少女服飾包包、鞋子及美妝用品；連接地鐵京都站的B1地下街則有居酒屋、大阪燒等上班族下班聚會的餐廳，也有中低價位的品牌服飾、京風雜貨可以選購。

✉ 京都市下京區烏丸通塩小路下ル東塩小路町902 ☎ 075-365-7528 🕐 10:00～21:00(早餐07:30～因店而異) 🚌 市巴士「京都站前」直通、JR「京都」站烏丸東改札口、地下鐵烏丸線「京都」站直通、近鐵「京都」站步行5分 🌐 www.porta.co.jp 🗺 P.61

地下鐵、JR 京都站出站後即可看到 Porta

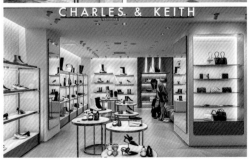

專為亞洲女性打造的時尚品牌 Charles & Keith 在 Porta 也有設櫃

🎁 ASTY KYOTO（アスティ京都）

與東海道新幹線及京都市營地下鐵相通的ASTY KYOTO，聚集了許多人氣品牌及京都各大伴手禮：UNIQLO、松本清藥妝店、祇園辻利、優佳雅、京名菓、松栄堂、永楽屋細辻伊兵衛等皆在此設櫃。相通的「京都おもてなし小路」美食街有著町家街道風，更是入駐了許多京都知名餐廳如京福寿園、星乃咖啡店、INODA COFFEE等。

✉ ASTY KYOTO分為ASTY ROAD、ASTY SQUARE 和京都車站新幹線改札口內3個區塊 🕐 依店鋪而異 🚇 JR東海道新幹線八条東口出口&京都站新幹線改札內 🌐 www.asty-kyoto.co.jp/kyoto 🗺 P.61

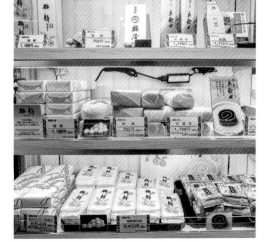

Route 4

嵐山絕色美景
金閣寺絢麗奪目

嵐山 ‧ 天龍寺 ‧ 金閣寺

嵐山小火車緩緩駛過豐郁的溪谷景觀停在嵐山站，沿著道路走入兩旁高聳著綠竹的幽徑，傾聽風兒吹過竹林的沙沙聲響。來到天龍寺，與嵐山自然景觀完美融合的曹源池庭園，那景色之美讓人驚豔不已。離開寺院沿著商店街漫步至昔日貴族泛舟嬉戲的渡月橋一帶，山河之景盡收眼底。在嵐電足浴稍事休息後，繼續乘著電車前往迷人的金閣寺，看那金光閃耀在湖面上，原來京都既可優雅也可貴氣。

Route 4 行程 Plan

嵐山絕色美景，金閣寺絢麗奪目

Start

09:29 ~ 09:58 | **1** 嵐山小火車

往竹林之道步行約2分

↓ 2分鐘

10:00 ~ 10:30 | **2** 竹林之道

直行

↓

10:30 ~ 11:00 | **3** 野宮神社

出竹林之道，沿嵐山商店街往嵐電(渡月橋)方向，步行約8分

↓ 8分鐘

11:08 ~ 12:30 | **4** ぎゃあてい

餐廳斜對面是天龍寺前庭入口

↓ 1分鐘

12:31 ~ 13:30 | **5** 天龍寺

前往天龍寺前庭入口外

↓ 1分鐘

13:31 ~ 14:10 | **6** 嵐山商店街

嵐山商店街過嵐電步行約2分

↓ 2分鐘

14:12 ~ 14:50 | **7** 渡月橋・中ノ島公園

沿嵐山商店街往嵐電步行約2分，位於嵐電內

↓ 2分鐘

14:52 ~ 15:10 | **8** 駅の足湯

從嵐電「嵐山」站搭乘嵐電到「帷子之辻」換北野線，到「北野白梅町」下車，轉乘京都市巴士102、204、205或洛巴士101於「金閣寺道」下車

↓ 50分鐘

16:00 ~ 17:00 | **9** 金閣寺

步行至市巴士站牌「金閣寺道」搭乘市巴士205到「四条河原町」下車，車程45分，下車後沿四条通往祇園方向走，看到「先斗町」進入，步行6分

↓ 50分鐘

17:50 ~ 18:30 | **10** 六傳屋

步行至四条通，左轉過四条大橋後立刻右轉，再步行2分

↓ 6分鐘

Goal

18:36 ~ 19:30 | **11** 京都高島屋 S.C.

一日花費 小 Tips

嵐山小火車	800	金閣寺	500
午餐	2,500	交通費	710
天龍寺	500	晚餐	980
駅の足湯	250		
Total			**6,240**

※ 以上幣值以日圓計算

往二尊院‧祇王寺↑
常寂光寺 📷
往清涼寺↑

嵐山地圖

JR嵯峨嵐山站
トロッコ嵯峨站

JR山陰本線(嵯峨野線)

野宮神社 3 📷

嵐山商店街
6

JR嵯峨野觀光鐵道
1 📷 トロッコ
嵐山嵐山站
小火車
竹林之道 2 📷

嵐電嵯峨站

5 📷
天龍寺

4 🍴
ぎゃあてい

駅の足湯 8
嵐電嵐山站

桂川

大堰川(保津川)

渡月橋 7
中ノ島公園

交通對策

嵐山之旅從嵐山小火車開始！

　　Route 4帶領大家在京都3個區域間移動，從「嵐山」玩到「金閣寺」，再玩回「京都鬧區」。一早首先搭乘嵐山小火車抵達嵐山站，下車後可徒步逛，也可乘人力車，跟著車伕認識嵐山。由於金閣寺與嵐山有嵐電連接，遊完嵐山後，就可搭嵐電前往金閣寺(須在「帷子之辻」站轉車到「北野白梅町」站，再接巴士到金閣寺)，最後再搭公車回京都市區。行程上雖然需要多次轉車，但當地車站的標示都相當清楚，再搭配本頁地圖的交通指引，絕對不怕走丟。

嵐山‧金閣寺‧先斗町相對位置圖

9 金閣寺道
金閣寺 📷

金閣寺地區

平野神社
北野天滿宮

巴士102.204.205 (5min)

嵐電北野線 (11min)

北野白梅町
嵐電 北野白梅町

西大路通

巴士205 (33min)

トロッコ嵯峨站 /
JR嵯峨嵐山站

トロッコ嵐山站
嵐電嵐山站
嵐電嵐山本線
帷子ノ辻

JR山陰本線(嵯峨野線)

嵐山

阪急嵐山站

桂川

阪急嵐山線

四条通

四条河原町
先斗町

河原町

N

74

Start 09:29～09:58

搭火車一覽溪谷美景

1 嵐山小火車
（嵯峨野トロッコ列車）
Sagano Torokko Ressha

遊玩鐵則
櫻花季、楓葉季常常一票難求，建議提早購票。

📞 075-861-7444 🕐 各站皆不同，一般為09:00～17:00(實際請依各站官網公告為主，週三公休，春假、黃金週、暑假、紅葉期間每天行駛) 💲 單程¥880 🚌 搭乘JR嵯峨野線至「嵯峨嵐山」站下車是小火車嵯峨站，搭乘JR山陰本線至「馬堀」站下車步行10分為小火車龜岡站 🌐 www.sagano-kanko.co.jp 🗺 P.74

小火車上欣賞保津川溪谷美景

搭上來往嵯峨與龜岡間的嵯峨野遊覽小火車，沿著保津川溪谷悠悠前進，此處四季風光各異，春櫻滿山、楓紅遍谷之際是最為熱門的時節。單程25分鐘，沿途經嵐山站、保津峽站。

其中保津峽為無人車站，行經此處可欣賞到春櫻、夏綠、秋紅、冬雪四季美景及保津川遊船，月台上有排可愛的陶製狸貓歡迎著遊客。而嵐山站則是要注意月台到剪票口的60階台階。

小火車全車共5節車廂，除了第5節開放式無遮風擋雨的車廂需視當天天候，僅限現場買票外，其餘座位可於1個月前向日本各大旅行社購買，或是於抵達關西機場時，於JR車站的綠色窗口預購小火車車票。

交通方式

搭乘嵐山小火車建議從京都車站出發，搭乘JR山陰本線(嵯峨野線為其中一段)至「JR馬堀站」後，步行10分鐘到達嵐山小火車「龜岡站」，搭乘嵐山小火車至「嵐山站」，這樣的玩法不僅飽覽保津川溪谷美景，於嵐山站下車後便可以直接遊覽嵐山一帶景點，比起反過來玩更順路。轉車部分看似複雜，但觀光景點車站內外標示都相當清楚，不用擔心。若是住宿在大阪的話，可以從「JR大阪站」搭JR到「JR京都車站」，不需要出車站，交通方式同京都車站出發搭到「JR馬堀站」接嵐山小火車。

嵐山小火車龜岡站

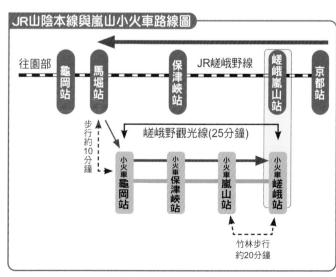
JR山陰本線與嵐山小火車路線圖

往園部 — 龜岡站 — 馬堀站 — 保津峽站 — JR嵯峨野線 — 嵯峨嵐山站 — 京都站

步行約10分鐘

嵯峨野觀光線(25分鐘)

小火車龜岡站 — 小火車保津峽站 — 小火車嵐山站 — 小火車嵯峨站

竹林步行約20分鐘

神秘氛圍的竹林小徑

2 竹林之道（竹林の道）
Chikurin no Michi

🚃 JR嵯峨野線「嵯峨嵐山」站步行7分，京福電鐵(嵐電)「嵐山」站步行5分 Map P.74

從嵐山小火車嵐山站一路往野宮神社步行到天龍寺北門間，有著一條獨具氛圍的竹林小徑，兩旁的野宮竹高聳參天，綠意盎然，竹林覆蓋的道路，少有陽光照射，為竹林增添了些許神祕感，偶爾微風拂過，響起陣陣動聽的竹林聲，三五好友或漫步，或租台腳踏車悠遊其中。難得來一趟的情侶，不妨租套和服，搭乘人力車，在人力車夫的帶領下探索竹林之美。於12月來訪，不妨選擇夜晚前來，在花燈路的點燈期間，燈光點亮了竹林，燈竹交織的光影變化如夢似幻，與白天呈現截然不同的風采。

綿延的綠竹，無盡的小徑，此情此景令人頓時忘卻了周圍的一切

靈驗的結緣神社

3 野宮神社
Nonomiya Jinja

✉ 京都市右京區嵯峨野宮町1 ☎ 075-871-1972 ⏰ 09:00～17:00 💲 免費 🚃 JR嵯峨野線「嵯峨嵐山」站步行7分，京福電鐵(嵐電)「嵐山」站步行5分 http www.nonomiya.com Map P.74

「龜石」是位於野宮大黑天旁的神石，據說摸著石頭許願，願望就會成真

野宮神社雖然不大，來此參拜的遊客卻從未少過。於平安遷都後創立的古老神社，供奉了許多神明，如「野宮大黑天」、「野宮大神」等，由於祈求良緣與學業進步相當靈驗，吸引了無數女性、年輕人前來祈願求籤。這裡也是日本古典文學鉅著《源氏物語》的舞台之一，書中「賢木之卷」橋段之一，無法獨占男主角光源氏的六条御息所，最後決定隨同女兒前往伊勢神宮，途中停留的野宮神社，便是二人永遠告別的地點。

在奉納木上寫下祈求的願望，奉納木會在神社人員誦經後被燒掉，願望便會實現

11:08 ～ 12:30

京都家常菜吃到飽

4 ぎゃあてい
Gyatei

日本可口的米飯加上酸中帶鹹的漬物，再淋上茶後，便是簡單又美味的茶漬飯

✉ 京都市右京區嵯峨天竜寺造路町19-8 ☎ 075-862-2411 ⏰ 11:00～14:30(每週三公休，請依官網公告為主) 💲 60分鐘吃到飽¥2,500 🚉 JR「嵯峨嵐山」站南口步行10分，京福電鐵(嵐電)「嵐山」站出口步行1分，阪急「嵐山」站步行10分 🌐 arashiyama-gyatei.com 🗺 P.74

　　來到京都怎麼能錯過京都家常料理呢？使用當令食材，僅以簡單的調味帶出食物天然的原味，如此道地的京都料理，竟然可以吃到飽呢！位於嵐電「嵐山」站附近的ぎゃあてい，只要¥2,500(含稅)便可以在1小時內，盡情享用多達30道的京都家常菜肴，生麩料理、湯豆腐、漬物、天婦羅、茶漬飯等多種選擇。吃來淡雅不膩口，店家也有推出定食餐點，菜色還會根據季節作調整，吃飽後也別忘了來點大人氣的布丁甜點呦！

多達30道的京都菜肴，全部都好想吃看看

豆知識

《源氏物語》的故事舞台

　　日本極具代表性的古典文學作品中，不能不提到《源氏物語》，以日本平安時代為背景，女性作家紫式部以主人公光源氏的一生與愛情故事，寫出了當時貴族生活的權力鬥爭，以及女性往往是政治手段下的犧牲品等情節。全書54帖中，第一部(前33帖)描述了光源氏光鮮亮麗的出身與戀愛故事，第二部(34～41帖)為其後半生的悲哀，第三部也就是最後的10帖，則是光源氏子孫之間的悲戀。

　　故事主要的登場舞台大多於京都府，京都廬山寺為紫式部創作《源氏物語》的地方。據傳是主角參考藍本的「源融」，在嵯峨野建造的別莊，便是現在的清涼寺；男主角與六条御息所告別之處則是在嵐山野宮神社。而最後的10帖又稱「宇

治十帖」，主要舞台是在宇治，從源氏物語博物館、宇治川、宇治上神社、宇治十帖雕像、平等院等都是書迷造訪的景點，喜歡《源氏物語》的話，不妨規畫一趟文學之旅，從美景中踏入小說的世界。

野宮神社的特色之一，仍能看出麻櫟原木的黑木鳥居

室町時代京都五山之首

5 天龍寺
Tenryuji

✉ 京都市右京區嵯峨天龍寺芒ノ馬場町68 ☎ 075-881-1235 🕐 08:30～17:30(10/21～3/20至17:00) 💲 庭園(包含曹源池及百花苑) ¥500，參拜大方丈室、書院、多寶殿，需各另加¥300 🚃 JR「嵯峨嵐山」站步行13分，阪急「嵐山」站步行15分，京福電鐵(嵐電)「嵐山」站出站即是 http www.tenryuji.com/cn Map P.74、79

天龍寺於1339年創建，是由室町幕府的第一代大將軍「足利尊氏」建立以祭祀醍醐天皇。這裡是嵐山的參觀重點，其名園美景令人讚歎不已，而境內風景如畫的「曹源池庭園」，是唯一保留下來的創寺時期建築，其餘殿宇分別在多次的戰火中燒毀。天龍寺是室町時代京都五山中排名第一的禪寺，地位崇高，也是世界遺產。

參觀重點

曹源池庭園

充滿了野性的石組妝點池畔，周圍白沙勾勒出美麗的線條，鯉魚悠遊池中，日本國寶級的庭園大師夢窗疎石在設計庭園之時，更巧妙地將嵐山山脈作為背景，融入庭園景致中，眼前饒富趣味的美景，令旅人駐足許久不捨離去。

曹源池庭園是一池泉迴遊式庭園，沿著池畔漫步，每個角度都有著不同的風景

春天的庭園更是美不勝收，百花苑裡百花盛開，櫻花綻放，彼此爭妍鬥艷

望京之丘

若體力與時間允許，不妨登上望京之丘，從高處俯瞰曹源池庭園。

大方丈

參觀完曹源池庭園，若時間允許的話，不妨進到大方丈，由迴廊包圍的大方丈，提供了舒適環境，可以靜靜地坐在迴廊上，以不同的角度欣賞「曹源池庭園」。也別忘了看看國寶「釋迦如來坐像」，據說是平安時代後期製作，經歷了8場的火災，都仍安然無恙。

從大方丈迴廊觀賞曹源池庭園

天龍寺屬於禪宗寺廟，可以在寺裡看到許多禪宗祖師達摩圖

13:31 ～ 14:10

古意盎然的熱鬧街道

6 嵐山商店街

http www.arashiyama-kyoto.com/shop/arashiyama.html

走出竹林小徑，一路往渡月橋方向逛去，這條熱鬧的大街，便是嵐山商店街，近百家美食店鋪、和風紀念品和手工藝店，是一條相當有特色的街道。

每天一杯正能量咖啡

％ ARABICA 京都嵐山店
アラビカ 京都嵐山

✉ 京都市右京 嵯峨天龍寺芒ノ馬場町3-47 ☎ 075-748-0057 ⏰ 09:00～18:00 💲 ¥400 🚃 JR嵯峨野線「嵯峨嵐山」站步行12分，京福電氣(嵐電)「嵐山」站步行5分 🗺 P.79

嵐山渡月橋旁很有名的京都咖啡廳，上過許多日本雜誌，是日本拉花冠軍咖啡。純白簡約的現代清新設計裝潢，突破一眾以傳統風格為主打的京都咖啡戰場，打出一片江山。創辦人Kenneth Shoji出生於東京，因覺得簡單的生活以及每天一杯咖啡能帶來正能量，進而創立了以白色為基底，純粹而乾淨的％ Arabica。

販售的咖啡從Espresso、Espresso Macchiato、Latte、Americano到Short 都有。冰拿鐵使用的是偏酸的咖啡豆，烘焙味約莫在中、深焙之間，沒有到苦味，也不會澀，搭配牛奶相當舒爽。

嵐山商店街地圖

JR山陰本線
JR 嵯峨嵐山站
嵯峨野觀光鐵道
鯛匠HANANA
トロッコ嵯峨站
京豆庵
嵐山高架道路
老松
嵐山店
嵐電本線
天龍寺
ARINCO
KYO ROLL
嵐電嵐山站
％ ARABICA
京都嵐山店
嵐山よしむら
桂川
大堰川（保津川）
峯嵐堂
渡月橋本店
渡月橋

有3種吃法的鯛魚茶泡飯

鯛匠 HANANA
Taishou Hanana

✉ 京都市右京區嵯峨天龍寺瀨戶川町26-1 ☎ 075-862-8771 ⏰ 11:00～17:00(不定休) 💲 ¥2,160起 🚃 JR「嵯峨嵐山」站步行8分，京福電鐵「嵐山」站出口步行4分，阪急「嵐山」站步行15分 http hanana-kyoto.com/top.html 🗺 P.79

內裝為日式庭園景觀。其鯛魚茶泡飯別具特色，有3種吃法，口感都不同：單吃魚、搭配白飯，或以熱茶沖泡成茶泡飯。經典的鯛魚茶泡飯套餐(鯛茶漬け御膳)，包括鯛魚生魚片、京都風菜盤、白飯、小菜及甜點。

鯛魚片薄而透明，魚肉嫩而有彈性，吃來鮮甜甘美

京都綠茶沖在鯛魚上面，美味的米飯與綠茶的清香，及在地菜肴與雅致的餐具，真是一大享受

宮廷御用和菓子店

老松 嵐山店
Oimatu

✉ 京都市右京區嵯峨天龍寺芒ノ馬場町20 ☎ 075-881-9033 ⏰ 09:00～17:00(茶房09:30～16:30，不定休) 🚉 JR「嵯峨嵐山」站步行10分，京福電鐵(嵐電)「嵐山」站出口步行3分，阪急「嵐山」站步行12分 🌐 oimatu.co.jp 🗺 P.79

夏柑糖 (なつかんとう) 吃來冰冰涼涼，味道有點像葡萄柚

曾是宮廷御用和菓子老舖的老松，現在仍提供日本婚禮、茶會等重要場合用的美麗和菓子。最為人所知的人氣商品是期間限定的「夏柑糖」，從4月1日開賣到夏蜜柑季節結束，是始於日本戰後，京都花街「上七軒」招待客人的一種和菓子，但隨著成本增高而逐漸消失，在老松的堅持之下，世人現在才能繼續品嘗到夏柑糖。將柑橘果肉挖出後榨汁，加入寒天和砂糖，製作成果凍後再盛裝回柑橘皮內，吃來滑順爽口，帶有柑橘酸甜的滋味。對和菓子製作有興趣的話，也可以報名體驗課程喔！

以鹽漬櫻葉包裹著有紅豆餡的櫻餅，淡淡的櫻花香搭上甜甜的紅豆味，賞櫻一定要來一份

純國產大豆霜淇淋

京豆庵
Kyouzuan

倒立也不會掉

✉ 京都市右京區嵯峨天龍寺立石町2-1 ⏰ 10:00～17:00(不定休) 💲 ¥400 🚉 JR嵯峨野線「嵯峨嵐山」站步行8分，京福電鐵(嵐電)「嵐山」站步行4分 🌐 www.kyozuan.co.jp 🗺 P.79

霜淇淋豆香十足且濃郁的人氣店家，以100%國產大豆製作，特色是將霜淇淋倒立，也不會掉下來，大家不妨來挑戰看看是不是真的。

令人無法招架的蛋糕卷

ARINCO KYO ROLL

✉ 京都市右京區嵯峨天龍寺造路町20-1 ☎ 075-881-9520 ⏰ 10:00～18:00(依季節變動) 🚉 京福電鐵(嵐電)「嵐山」站出口 🌐 www.arincoroll.jp 🗺 P.79

位在京福電鐵「嵐山」站出口的這家ARINCO KYO ROLL，那綿密的蛋糕卷令人百吃不膩。以蛋白製作的蛋糕，吃來相當清爽細緻，在全國各地有不少分店，不過每間都有自家限定口味，來到嵐山店當然不能錯過它的抹茶口味，使用宇治抹茶搭上鮮奶油，蛋糕散發出抹茶清香，吃來格外清爽！

超高人氣抹茶卷

包著酸甜草莓的吐司蛋糕，多汁中帶有白巧克力碎片的脆度

面子裡子兼顧的伴手禮

峯嵐堂 渡月橋本店
Hourandou

蕨餅 (わらびもち)

✉ 京都市西京區嵐山中尾下町57-2 ☎ 075-864-7573 ⏰ 09:00～18:00 🚉 「京福電鐵(嵐電)嵐山」站步行3分，阪急「嵐山」站步行4分 🌐 hourandou.net 🗺 P.79

想買豆菓子和蕨餅當伴手禮送人的話，很推薦峯嵐堂！被門口透明窗戶中、正在製做蕨餅的師傅吸引到店裡後，發現他們家現做的蕨餅真的很軟很好吃，有原味、抹茶、竹炭等3種口味可以選擇，帶有日本繪畫風的包裝盒相當精緻，當伴手禮會很有面子！

峯嵐堂店面，不時可看到師傅在製作蕨餅

14:12 ～ 14:50

遠眺嵐山如詩如畫的山川美景

7 渡月橋・中ノ島公園
Togetsukyo・Nakanoshima Koen

🚃 京福電鐵(嵐電)「嵐山」站步行2分，阪急「嵐山」站步行5分 🗺 P.74、79

　　嵐電嵐山站附近有著一處美極了的地方，屹立在大堰川上的渡月橋，昔日平安時代便是貴族乘船戲水的度假勝地，如今遊客走在橋上，眺望那優雅的川水和遠方的山景，風景秀麗有如明信片般，也是日本「浮世繪」中經常出現的風景。旁邊的中ノ島公園，是野餐放鬆的好地方，尤其是櫻花季期間，整個公園被盛開的粉櫻圍繞，搭上渡月橋與遠山景色，甚是漂亮。

不時可見遊船緩緩駛過，如此古意盎然、詩情畫意的畫面，彷彿回到平安時代一般

賞景兼吃蕎麥麵

嵐山よしむら
Yoshimura

✉ 京都市右京區嵐山渡月橋北詰め西二軒目 📞 075-863-5700 🕐 11:00～17:00(旺季、花燈路期間會延長營業) 💲 套餐¥1,482起 🚃 京福電鐵(嵐電)「嵐山」站步行2分鐘，阪急「嵐山」站步行5分鐘 🌐 yoshimura-gr.com/soba 🗺 P.79

　　供應手工製作的蕎麥麵，全玻璃窗戶的座位可以欣賞渡月橋山水，一邊吃著蕎麥麵，一邊欣賞遠山美景與川上遊船，非常地愜意，若在賞楓季、櫻花季前來，景色又更豐富。

窗邊座位可欣賞渡月橋絕景　　冷蕎麥麵

14:52 ～ 15:10

泡個腳紓解一下再出發

8 駅の足湯
Eki no Ashiyu

✉ 京都市右京區嵯峨天龍寺造路町20-2 📞 075-873-2121 🕐 09:30～18:00 (冬季營業～18:00) 💲 ¥250(附毛巾) 🚃 京福電鐵(嵐電)「嵐山」站月台上 🌐 www.kyotoarashiyama.jp 🗺 P.74

　　在嵐山走走逛逛，玩累了不妨到位於嵐電嵐山站月台內的足湯屋去泡泡腳，紓解一天下來的疲勞，休息完後再出發。來到站內售票處購買足湯券後，還可以拿到一條毛巾，讓你泡完後用來擦乾雙腳。

位於月台上的足湯屋，泡完後就可以上車，繼續接下來的旅途

輝煌燦爛的世界文化遺產

9 金閣寺（鹿苑寺）
Kinkakuji

✉ 京都市北區金閣寺町1 ☎ 075-461-0013 ⊙ 09:00～17:00 💲 ¥500 🚌 市巴士「金閣寺道」站步行3分，市巴士「金閣寺前」站步行1分 🌐 www.shokoku-ji.jp/k_about.html 🗺 P.74、83

金閣寺可是京都眾多必去佛寺中，說什麼我都要去的地方，因為這裡可是一休和尚卡通中，將軍大人「足利義滿」的家呢！而現實中的「金閣寺」，本名鹿苑寺，建於西元1397年，原為鐮倉時代西園寺家的住宅，後來才轉給足利義滿將軍，成為將軍的別墅，在其死後捐出成寺，而「鹿苑」的名稱，便是來自將軍的法名，「金閣寺」的名稱則是由於舍利殿的建築外觀是金箔裝飾而得名。

融和三種建築風格於一身的舍利殿

金閣寺舍利殿是日本北山文化的建築代表，名稱來自於裡面祭拜的觀世音菩薩骨頭。共有3層閣樓，每一層的建築風格都不同，從低至高為寢室建築、武士宅第式建築、中國唐朝式建築，三者為一，卻無違和感。但一場發生於1950年的慘事，卻毀了這座金碧輝煌的古建築！有位見習僧人，因對金閣寺的美感到嫉妒，放火自焚把舍利殿燒了！如今看到的舍利殿，是1955年重新修建來的，當然就無法被指名為國寶，不過還是貴為世界遺產之一。

來金閣寺參觀，最棒的紀念品便是門票，是一張平安御守，可以隨身攜帶保平安。

金閣寺的最佳拍攝角度，是位於入口左側的空地，舍利殿矗立鏡湖池水之上，金碧輝映，光彩奪目之景可一次全部入鏡

金閣寺限定之一休和尚繪馬

帶有芝麻香味的擔擔麵

10 六傳屋
Rokudenya

✉ 京都市中京區下樵木町199 ☎ 075-212-9224 ⊙ 11:30～14:00，17:00～22:00(最後點餐21:00) 🚌 京阪「祇園四条」站步行7分鐘，阪急「河原町」站步行6分，市巴士「四条河原町」站步行10分 🌐 kiwa-group.co.jp/rokudenya_pontocho 🗺 P.95

先斗町上這間六傳屋以擔擔麵聞名，喝來濃郁可口的湯頭，頗有嚼勁的麵條，加上芝麻的香氣，讓人胃口大開。看似豔紅火辣的湯頭，實際上喝來不辣，相當合台灣人的口味。擔擔麵共有3種口味，喜歡重口味可以選擇黑胡麻，愛清淡風便選白味噌，嗜辣者則點紅麻辣口味。如果還吃得下，不妨點份關西風「土手燒」，燉煮入味的牛筋串、洋蔥串、蘿蔔和豆腐都相當好吃呢！

香噴噴的紅麻辣擔擔麵

金閣寺周邊地圖

嵐山絕色美景，金閣寺絢麗奪目

北大路通

鏡石通

金閣寺道

金閣寺(鹿苑寺)

氷室道

鞍馬口通

金閣寺前

N

嵐山・天龍寺・金閣寺

木辻道

わら天神宮

西大路通

天神川

御前通

馬代通

平野神社

北野天滿宮

佐井通

衣笠校前

北野白梅町

嵐電北野白梅町

北野天滿宮前

嵐電北野線

今出川通

京都人的好鄰居

11 京都高島屋 S.C.

✉ 京都市下京 四条通河原町西入真町52 ☎ 075-221-8811 🕙 10:00～20:00 🚉 京阪「祇園四条」站步行3分，阪急「河原町」站出站即是 🌐 www.takashimaya.co.jp/kyoto 🗺 P.54

　　高島屋是創立於1831年的日本知名連鎖百貨公司，其京都店也是京都很具有代表性的高級百貨。在這裡，你可以找到各種日常生活必需品，如虎牌(TIGER)的保溫瓶；還有日本人氣彩妝保養品和男女服飾精品；想買具有京都特色的名產伴手禮，京都北山Malebranche的抹茶夾心餅乾、丸久小山園的宇治茶都很推薦。具有京都特色的料理和甜點也是應有盡有。另外，新開幕的任天堂直營店就位於7樓。

從「京都高島屋 S.C.」大門進來，就可以看到巨大的瑪利歐從水管探出頭的樣子

其他推薦

種類超多，價格超便宜

高木批發超市 三条店
タカギ三条店
Takagi

✉ 京都市中京區壬生天池町35-1 ☎ 075-822-1112 🕙 09:30～19:30(過年期間公休) 🚉 地下鐵東西線及JR「二条」站步行5分 🗺 P.69

　　這是一家走進來會令人為之瘋狂的批發超市，無論是京都當地人或是觀光客，都會忍不住大肆採購，因為這裡的商品實在太便宜啦！距離京都二条站5分鐘腳程的高木批發超市，從外觀到內部商品擺設，都像極了倉庫，雖說外表簡單，但

商品種類卻是多到超乎想像，從日常生活用品、零食、泡麵、罐裝飲料到沖泡飲品，無論品牌及口味都相當豐富，尤其是價格令人感動到哭，很容易就手滑買太多，原本就已經是令人心動的批發價，現在外國遊客消費只要滿￥5,001即可免稅，建議喜愛日貨的人，最好要帶行李箱來裝貨，才不會因為買太多而搬不回去喔！

有如倉庫般的亮黃建築便是　泡麵的價格也讓人超手癢
高木批發超市

遺世獨立的綠色天地

祇王寺
Giouji

✉ 京都市右京區嵯峨鳥居本小坂町32 ☎ 075-861-3574 ⏰ 09:00～17:00(最後入場16:30) 💲 大人¥300(大覺寺‧祇王寺2寺共通參拜券：¥600)，高中以下¥100 🚃 JR「嵯峨嵐山」站步行20分，京福電鐵(嵐電)「嵐山」站步行20分 http www.giouji.or.jp 🗺 P.74

　　以苔庭著稱的祇王寺，走入苔庭，看那光影交織，寂寥靜謐的氛圍，讓人流連忘返，不願離去，思緒沉澱。

　　祇王寺的主角祇王，是《平家物語》中一段悲戀故事的角色，原為平清盛的寵妾，當時以美貌與舞技而得寵，但好色的平清盛很快便移情別戀到御佛前身上，祇王也因此離開宮中回家，誰知某日平清盛找回祇王要她在平清盛與御佛前面前表演解悶。絕望之餘，母女來到嵯峨野結庵遁入佛門。一日，感到世事無常的佛御前尋覓至草庵造訪，決定投靠祇王母女，一起在此平靜地度過餘生。

祇王寺著名的苔庭　　　　　　祇王寺儉樸的一隅，好似述說著祇王的一生

豆知識

《平家物語》的故事舞台

　　《平家物語》講述了西元1156～1185年平家與源氏角逐天下的軍記物語，文中可看出當時的武士精神、女性軼事，與《源氏物語》並列為日本二大古典文學，據傳完成於鎌倉年間，作者不詳，由日本的琵琶法師遊唱傳承下來，在12卷當中，第一卷的祇王，登場舞台之一便是嵐山祇王寺。

理想淨土

常寂光寺
Jojakkoji

✉ 京都市右京區嵯峨小倉山小倉町3 ☎ 075-861-0435 ⏰ 09:00～17:00(最後入場16:30) 💲 ¥500 🚃 JR「嵯峨嵐山」站步行15分，京福電鐵(嵐電)「嵐山」站步行20分 http www.jojakko-ji.or.jp 🗺 P.74

　　說到嵐山的賞楓名所，不得不提常寂光寺！「常寂光」在佛經中有著理想淨土之意。每到楓葉季，寧靜古樸的寺廟在金黃、火紅的楓葉映襯下，美得令人屏息。而最佳的賞楓景致，則是要過了仁王門到鐘樓之間，楓紅之時，整個寺廟好似被熊熊烈火包圍一般，吸引遊客紛紛湧入。

常寂光寺依山而建，過了山門沿階一路向上至多寶塔，景色越發遼闊

本堂

簡樸的山門

500株櫻樹的賞櫻聖地

平野神社
Hirano Jinja

✉ 京都市北區平野宮本町1 ☎ 075-461-4450 ⏰
06:00～17:00(櫻花季期間～22:00) 💲 免費 🚌 市巴
士「衣笠校前」站步行3分，市巴士「北野白梅町」
站步行10分，京福電鐵(嵐電)「北野白梅町」站步
行10分 http www.hiranojinja.com Map P.74、83

　現址在京都的平野神社，其實在西元782年始建
時，是位在平城京(也就是現在的奈良)皇后御殿
內，在桓武天皇遷都平安京後，才跟著一起搬到
了京都。平野神社是京都賞櫻勝地，每到櫻花時
節，便吸引了無數遊客前來，這裡多達500株的櫻
樹，品種近50種，在長達一個多月的花季期間，
無論何時前來，都可以欣賞到先後開放的多重花
種。遊客可以漫步神社內拍拍櫻花，也可以在神

社周圍的露天紅布長椅用餐，邊享受櫻花樹下賞
花的雅趣。

日本天滿宮、天神社總本社

北野天滿宮
Kitano Tenmangu

✉ 京都市上京區馬喰町 ☎ 075-461-0005 ⏰ 4～9月
05:00～18:00，10～3月 05:30～17:30 💲 免費(2月
上旬～3月下旬，梅苑¥700) 🚌 市巴士「北野天滿宮
前」步行2分，京福電鐵(嵐電)「北野白梅町」站步行
6分 http www.kitanotenmangu.or.jp Map P.74、83

重要文化財的三光門，應該要有日、月、星三光雕刻，可惜
少了其中之一

天滿宮以牛為神使，因此境內
有很多牛的雕像

　建造於西元947年的北野天滿宮，已有千年歷
史，為日本全國天滿宮總本社，更是天神信仰的
中心。主祭神是學問之神菅原道真，因此常可看
到學生來此祈求學業及考試合格。
　每到早春梅苑的梅花便開始綻放，2月底～3月
中被梅花包圍的北野天滿宮美不勝收，2月25日為
梅花祭，舉辦的野點大茶湯活動，會有藝妓與舞
妓為參拜者奉茶。
　院內有頭銅牛，聽説摸頭可以聰明百倍，摸摸
牛耳牛眼便會耳聰目明，看牛全身都亮晶晶的，
就知道大家都希望得到庇佑。每個月25日天神日

也會固定舉辦二手市集，稱為天神市，可以看到
碗盤、服飾、二手和服等物品。

Route 5

抹茶故鄉
源氏物語的舞台

伏見・宇治

　　來到伏見稻荷大社，這裡的鳥居與一般神社的不太一樣，橘紅色的鳥居一個接一個，相連成壯觀的鳥居隧道，讓人看了驚呼不已！離開後跳上電車，不久便能抵達以日本頂級茶葉產地聞名的宇治，這裡有許多老字號茶鋪，是品嘗日本茶葉的好地方，各式抹茶甜點更是吸引饕客。宇治也是《源氏物語》最後 10 個章節「宇治十帖」的故事舞台，平等院和宇治上神社，都是不可錯過的世界遺產。

Start

09:00 ~ 11:00

1 伏見稻荷大社

步行7分至京阪「伏見稻荷」站搭乘京阪電車京阪本線(淀屋橋方向)，至「中書島」站轉乘京阪電車宇治線(宇治方向)，於「宇治」站下車，步行1分到宇治橋

40分鐘

11:40 ~ 11:45

2 宇治橋・宇治川

往平等院方向步行3分

3分鐘

11:48 ~ 13:15

3 中村藤吉 平等院店

直行

13:15 ~ 14:15

4 平等院表參道

沿平等院表參道往南走

14:15 ~ 15:15

5 平等院

平等院出來，步行1分到平等院表參道盡頭

1分鐘

15:16 ~ 16:00

6 宇治公園

走過中之島過「朝霧橋」為宇治神社入口，一直往上走經過宇治神社，繼續步行2分

2分鐘

16:02 ~ 16:30

7 宇治上神社

步行8分至京阪電車「宇治」站搭乘京阪電車宇治線至「中書島」站，轉乘京阪本線(出町柳方向)至「三條」站下車，往先斗町方向步行5分

50分鐘

17:20 ~ 19:50

8 みます屋 ITALIANO 先斗町

先斗町往四条通，步行過四条通到木屋町約10分

10分鐘

Goal

9 L'Escamoteur Bar 體驗京都酒吧

20:00 ~ 21:00

一日花費 小Tips

中村藤吉午餐	2,000
平等院門票+鳳凰堂內部	900
みます屋 ITALIANO 晚餐	5,200
L' Escamoteur 酒吧	1,200
交通(大阪、京都觀光一日券)	1,000
Total	10,300

※以上幣值以日圓計算

交通對策

Q：如何串連 Route 5 各車站？

A 從大阪出發

大阪出發建議買京阪電車發行的「大阪、京都觀光一日券」（￥700），整天搭乘京阪電車皆持本券，無須額外購票。

| 淀屋橋 | 京阪本線特急 37分鐘 | 中書島(轉車) | 京阪宇治線 15分鐘 | 宇治 | 京阪宇治線 15分鐘 | 中書島(轉車) | 京阪宇治線 15分鐘 | 伏見稻荷 | 京阪本線準急 8分鐘 | 京阪三條 | 步行 5分鐘 | 先斗町 |

B 從京都出發

從京都到宇治、伏見稻荷，可利用「京阪電車」或「JR」，兩種車的下車車站到達景點的距離都差不多。搭乘京阪電車來往宇治、稻荷，建議購買「京阪電車」發行的「京都觀光一日券」（￥500），以下介紹「京阪電車」的搭乘方式：

| 京阪沿線車站 | 京阪本線 10分鐘 | 京阪伏見稻荷 | 步行 5分鐘 | 伏見稻荷大社 | 京阪本線 15分鐘 | 中書島(轉車) | 京阪宇治線 15分鐘 | 宇治 | 京阪宇治線 15分鐘 | 中書島(轉車) | 京阪本線 15分鐘 | 京阪三條 | 步行 5分鐘 | 先斗町 |

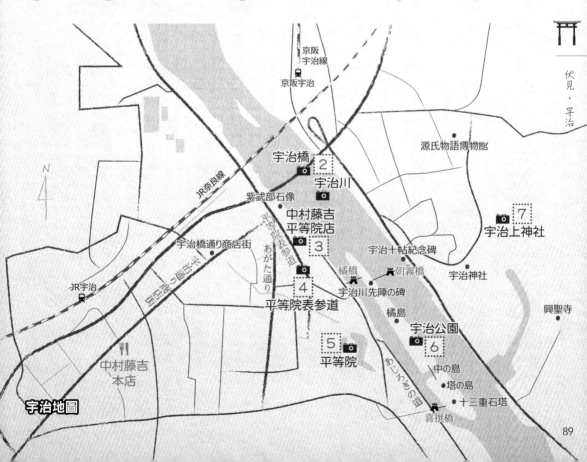

伏見・宇治

宇治地圖

遊玩鐵則
不要錯過京阪電車至伏見稻荷大社間的「伏見稻荷參道商店街」，這裡有「稻荷煎餅」、「伏見人形」等充滿了當地特色的商品。

延綿的千本鳥居

1 伏見稻荷大社
Fushimi Inari Taisha

✉ 京都市伏見區深草薮之內町68 ☎ 075-641-7331 ⏰ 全日(參拜祈願08:30～16:30) 💲 免費 🚃 JR「稻荷站」站步行2分，京阪「伏見稻荷」站步行5分 http inari.jp Map P.90

紅色的千本鳥居隧道也曾出現在名偵探柯南電影《迷宮の十字路》片尾曲場景裡喔！

　　京都的伏見稻荷大社可是全日本稻荷神社的總本社，最為人所知的便是後山長達4公里的千本鳥居了，走進整排的大紅鳥居隧道時，震撼感十足，覺得剛剛爬這麼久的階梯都值得了。

鳥居是對神明的許願與敬意

　　壯觀的千本鳥居，從背面看過去，寫著來自商會組織、公司、個人等貢獻者的姓名及建造年分，從江戶時代開始，許願的人們捐款在神社境內豎立一座座鳥居來表達對神明的敬意，也祈求商業、事業繁盛，這裡也是電影《藝妓回憶錄》女主角年輕時奔跑的經典場景。

　　稻荷大社所供奉的是稻荷神，而狐狸是稻荷神的使者，稻荷大社裡處處可見狐狸鑄像，咬著鑰匙象徵開運，咬著寶珠象徵財源滾滾，圍紅圍巾則是有信徒奉納。

各種表情的狐狸繪馬

伏見稻荷大社周邊地圖

京阪伏見稻荷　JR奈良線　京阪本線　N　JR稻荷

📷 **1** 伏見稻荷大社

稻荷神社兩旁佇立的是狐狸，在農業社會裡，狐狸會替農家捕抓破壞農作物的野兔、田鼠等嚙齒類，因此狐狸被視為稻荷神的神使

高聳華麗的「樓門」，瞧那鮮紅的顏色與氣勢十足的建築體，這樓門可是豐臣秀吉為了感謝母親之病得以痊癒而捐贈的，可是日本規模數一數二的樓門建築，其屋頂咖啡色部分是由多層樹齡超過70年以上的檜木樹皮所堆疊而成的檜皮葺，只有少數寺廟和皇室建築能見到

11:40 ～ 11:45

欣賞風景優美的宇治川

2 宇治橋・宇治川
Uji Bashi・Uji Gawa

京阪「宇治」站步行1分　Map P.89、92

從「京阪宇治站」一出站往平等院方向走，一定會經過最初建於646年的宇治橋。橫跨於宇治川上，是日本三古橋之一，更是日本第一座木橋，雖然如今的宇治橋在1996年重建後已改為水泥鋼

筋結構，但卻不改其歷史風韻，著名的《源氏物語》便是以宇治川為「宇治十帖」的登場舞台，宇治橋畔也有尊作者紫式部的雕像。

11:48 ～ 13:15

「生茶果凍」人氣最高！

3 中村藤吉 平等院店
Nakamura Tokichi

宇治市宇治蓮華5-1(平等院店)　0774-22-9500　10:30～17:00(最後點餐16:30，定休日請上官網查詢)　JR奈良線「宇治」站步行10分，京阪線「宇治」站步行5分　http www.tokichi.jp　Map P.89、92

宇治是日本高級茶葉的產地，和靜岡茶並列為「日本二大茶」。由於宇治抹茶以高品質著稱而廣受歡迎，來到這裡勢必不能錯過。

排隊也要吃的抹茶甜點

從安政元年(西元1854年)創業至今的中村藤吉，除了煎茶、玉露等茶品外，最受歡迎的莫過於抹茶甜點。其中最高人氣的「生茶果凍」，帶有抹茶清香的抹茶凍搭上軟Q的白玉丸子、綿密的紅豆泥，苦甜搭配得恰到好處。細緻濃郁的抹茶冰淇淋，也令人印象深刻，直呼「歐伊細！」若想填飽肚子，特有的抹茶蕎麥麵也值得一試。

宇治店鋪皆為「重要文化景觀」

中村藤吉在宇治有2家店，位於JR「宇治」站對面的「中村藤吉本店」是由從創業至今的製

抹茶黑糖漿蕨餅：裹著滿滿抹茶粉的蕨餅，口感軟滑帶有抹茶的苦澀味，沾上黑糖蜜吃相當美味

茶工廠改建，在此用餐可欣賞明治時代的典型茶商宅第建築，但也要注意本店人氣旺，排隊時間動輒90分鐘，時間比較吃緊的話，推薦到「平等院店」用餐。

平等院店位於京阪電車往平等院的商店街上，建築源自江戶時代的料亭旅館菊屋，和本店一樣被列入日本國家級「重要文化景觀」，平等院店緊鄰宇治川，於店內用餐，還可欣賞窗外河川的美景。JR京都站亦有2家分店，方便遊客輕鬆享用美味的抹茶甜品。

豐富的「生茶果凍」簡直就是視覺上的饗宴啊！

中村藤吉 平等院店

平等院店窗外的宇治川美景

挑選宇治伴手禮的好地方

4 平等院表參道
Byodoin Omotesando

🚃 JR「宇治」站步行10分，京阪「宇治」站步行5分
http b-omotesando.com Map P.89、92

　　前往平等院的路上，會經過平等院表參道，短短10分鐘路程聚集了30多家店鋪，販售各式宇治茶產品、抹茶點心，許多茶店更是從室町時代便存在，包括知名的伊藤久右衛門平等院店、三星園、山田園本店、高村三光園等。走在表參道上，一股清新茶香瀰漫空氣之中，也因此被環境省列為「香韻風景100選」(かおり風景100選)呢！

品質至上的老茶鋪

伊藤久右衛門 平等院店
Itohkyuemon

✉ 宇治市宇治蓮華31 ☎ 0774-23-2321 ◷ 09:30～17:30(不定休) 🚃 JR「宇治」站步行10分，京阪「宇治」站步行5分 http www.itohkyuemon.co.jp/corporate Map P.92

平等院表參道是抹茶控的逛街天堂

📷 宇治橋

和菓子の駿河屋 ●

伊藤久右衛門 🏠　🏠🍴 中村藤吉 平等院店

高村三光園 ●
山田園茶鋪 ●

三星園上林三入本店 ● 🏠🍴 和夢兔
　　　　　　　　　 🍴 和夢茶Cafe

📷 平等院表參道

📷 宇治川

往宇治公園
宇治上神社→

N

📷 平等院

平等院表參道地圖

　　「伊藤久右衛門」創立於1832年，以追求高品質與安全健康的茶葉聞名，形象良好。來到平等院分店，從煎茶、抹茶、玄米茶等日本茶、到最高級的玉露都很值得帶，不知如何選擇，就帶一組「宇治茶十帖組合」(將《源氏物語》最後於宇治登場的十帖，與宇治特產茶葉做結合的茶葉組)。最受歡迎的餅乾是「宇治小草餅」，而抹茶貓舌小薄餅(葉ごろも)、抹茶糖(抹茶飴)等也相當好吃！

平等院店店面相當顯眼，門口整齊擺著各式宇治茶

店內展示著各式包裝精美的抹茶相關產品

融合當地特色的和風雜貨

和夢兔
Wamuu

✉ 宇治市宇治蓮華12 ☎ 0774-23-8184 ⏰ 10:00～18:00(不定休) 🚉 JR「宇治」站步行10分，京阪「宇治」站步行5分 🌐 www.uji-wamuu.com 🗺 P.92

喜歡和風雜貨的話，建議來和夢兔逛逛。店中有許多以「回頭兔」(宇治神社引導至正途的神使)為主題的零錢包、手帕、吊飾，無論是京都傳統風格，或具設計感的現代風商品都有。也有在地特色商品，如宇治抹茶化妝水、抹茶手巾及印有平等院鳳凰堂的和風小物等。

超人氣的和夢兔，小小店面總擠滿了人潮

別處沒有的「宇治茶飯」

和夢茶 Cafe
Wamucha Cafe

✉ 宇治市宇治蓮華12 ☎ 0774-23-8388 ⏰ 平日11:00～18:00(最後點餐15:00，晚餐需預約) 🚉 JR「宇治」站步行10分，京阪「宇治」站步行5分 🌐 wamucha-cafe.com 🗺 P.92

「和夢兔」的店內咖啡店，每到用餐時間總有許多小女生排隊。待過中華料理店的店長在不斷嘗試後，研發了用宇治特產入菜的料理，如麻婆抹茶豆腐、擔擔麵，最具特色的是「宇治茶飯」(諧音是炒飯)，泡開後的宇治茶葉先經鹽漬，再和飯拌炒，粒粒分明的炒飯吃來散發出淡淡茶香。

午餐限定菜單的宇治茶飯套餐

10元日幣上的鳳凰堂

5 平等院
Byodoin

✉ 宇治市宇治蓮華116 ☎ 0774-21-2861 ⏰ 平等院庭園08:30～17:30；鳳翔館 09:00～17:00，鳳凰堂內部09:30～16:10每20分鐘開放限50名進入。全年無休 💲 ¥600；參觀鳳凰堂另加¥300 🚉 JR「宇治」站步行10分，京阪「宇治」站步行10分 🌐 www.byodoin.or.jp 🗺 P.89、92

平等院原為《源氏物語》主角光源氏的原型人物「源融」的別墅，西元1052年，當時平安時代統治者藤原賴通將父親的別墅改建成寺院，成了平等院的起源。

院內著名的建築物「鳳凰堂」，其建築樣式呼應了佛經中的極樂淨土，不僅被列為世界文化遺產，更是10元日幣上的圖案，重要性可見一班。鳳凰堂屋頂上放了一對振翅欲飛的金銅鳳凰像，看來耀眼又氣派。堂內供奉的阿彌陀如來坐像是以扁柏木雕刻而成的大型木像，採用「寄木造」技法才能完成如此巨大又無拼接痕跡的佛像。圍繞著阿彌陀如來坐像的52尊「雲中供養菩薩像」，一個個駕著雲朵飛翔，有的吹奏樂器、有的翩翩起舞，姿態各異，極具動感。

沿著庭園欣賞平等院美景，看那大紅的鳳凰堂倒映在阿字池上，有著華貴之美

閒適之美

6 宇治公園
Uji Koen

🚃 JR「宇治」站步行13分，京阪「宇治」站步行7分
🗺 Map P.89

　　從平等院前往宇治神社的路上，會經過風景優美的宇治公園，從橘橋走到宇治川上的橘島、中之島兩個沙洲浮島，漫步在盡是綠樹的悠閒公園，不知不覺來到朝霧橋，那鮮豔的橘紅橋體讓人難以忽略。沿著橋走到盡頭便是宇治神社的入口，一旁的「宇治十帖紀念碑」提醒了遊客，《源氏物語》其中的「宇治十帖」便是取材自宇治川畔。宇治川畔夏日花火大會等祭典都在此舉辦，好好享受專屬於此的閒適之美吧！

的安全，但石塔仍不敵洪水和地震的威力多次毀壞，現今所見為明治末期挖掘後修建的。

朝霧橋

　　朝霧橋連接宇治川中間小島到宇治神社所在的右岸。漆紅的橋身相當漂亮，從橋上欣賞宇治川景色更是美不勝收，走到底便可看到宇治神社的入口，此時別忘了到側邊看看「宇治十帖紀念碑」，石雕描繪的便是《源氏物語》「宇治十帖」中，宮和浮舟在宇治川泛舟的場景，石雕後還可看到「薰君隔牆相覷」的場景，薰偷看正在月下合奏的中君、大君姐妹，對大君產生愛慕之意。

橘島

　　平等院表參道走到底，便可看到連接橘島的橘橋，喜歡日本歷史的人，不要錯過島上的「宇治川先陣之碑」，這是日本三大末代悲劇英雄之一的源義經，於平安時代末期1184年的「宇治川之戰」取得首勝的首戰紀念碑。

喜撰橋

　　喜撰橋附近可以搭乘遊覽船欣賞宇治川美景，於6月中旬到9月中旬還可以乘船參觀從平安時代流傳下來，有著悠久歷史的日本傳統捕魚法「鸕飼」。

塔の島

　　位於宇治川上的塔之島與橘島相連，島上有日本最大的十三重石塔，塔高有15.2公尺，是國家重要文化財產，於1286年由奈良西大寺僧人所建，盼望宇治川一帶禁止殺生，將漁具等埋在石塔底部，以此供養魚神並祈求宇治橋

宇治公園由宇治川上的塔の島、橘島，及連接中島與兩岸的喜撰橋、橘橋、朝霧橋、中の島橋及左岸的寄道公園所組成

16:02 ～ 16:30

兔御神籤
可愛的回頭

幽靜的古老神社

7 宇治上神社
Ujigami Jinja

✉ 宇治市宇治山田59 ☎ 0774-21-4634 🕐 09:00～
16:30 💲 免費 🚆 JR「宇治」站步行8分，京阪「宇
治」站步行8分 Map P.89

宇治上神社入口

　從朝霧橋一路走到宇治神社，繼續往北走便是
宇治上神社。祭祀著菟道稚郎子、應神天皇與仁
德天皇的宇治上神社，規模雖不大，卻在1994年
被列為世界文化遺產。從入口處進入神社，可以
看到鎌倉時代初期建築樣式的拜殿，殿旁有宇治
七大名泉中唯一保存下來的「桐原水」，再往深
處走，伊昆國寶的本殿，據考證，建於平安時代
的本殿，可是日本最古老的神社呢！

白兔御神籤的由來

　和鄰近的宇治神社原同為「宇治離宮神社」
的宇治上神社，在明治時代前分別稱為「離宮上
社」、「離宮下社」，於19世紀末才分離。宇治
上神社、宇治神社供奉的神明之一是皇子菟道
稚郎子(うじのわきいらつこ)，相傳他遷居宇治
時，途中曾一度迷路，所幸一隻白兔領路，此白
兔便被認為是天神派來引導世人走向正途的使
者。菟道稚郎子雖是皇嗣繼承人，但為了避免和
皇兄爭奪皇位，到了宇治後便結束生命，後人將
其供奉為神，因此在神社還能看到陶瓷的白兔御
神籤。

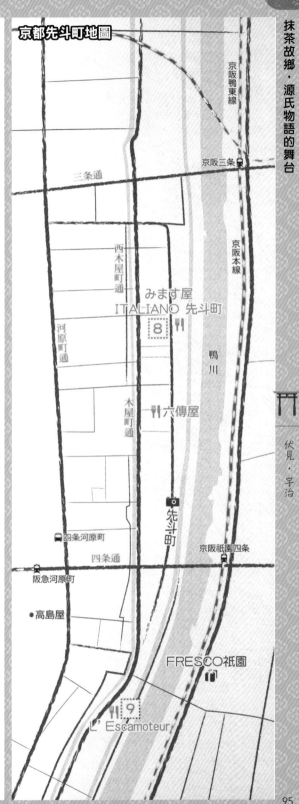

京都先斗町地圖

京阪鴨東線

三条通

京阪三条

西木屋町通

みます屋
ITALIANO 先斗町
8

京阪本線

鴨川

河原町通

木屋町通

六傳屋

先斗町

四条河原町

四条通

京阪祇園四条

阪急河原町

高島屋

FRESCO祇園

9
L'Escamoteur

伏見‧宇治

體驗夏天鴨川畔納涼床

8 みます屋 ITALIANO 先斗町
Mimasuya Italiano

✉ 京都市中京區先斗町三条下ル2若松町140-2 ☎ 075-256-3515 ◷ 17:00～24:00(最後點餐23:30)，週五、假日中餐12:00～14:00(依季節變動) 🚇 阪急「河原町」站步行7分，京阪「三条」站步行5分，地下鐵東西線「三条京阪」站步行5分 f Mimasuyaitalianopondotyou ◉ mimasuya_italiano Map P.95

位於先斗町的みます屋 ITALIANO是一間町家改建的義大利料理餐廳，在傳統京町的外觀內，有著典雅的西餐廳裝潢，雖然才開業不久，就已吸引無數女性客戶上門。坐在靠窗位置眺望鴨川

美景，品嘗和風義式料理，別有一番風味。

雖是義大利餐點，但食材皆是直接向京都農民購買的在地蔬菜，加上京都風格的調味料，讓顧客品嘗西式料理的同時，又能感受京都細緻的調理手法。若是於5～9月間來訪，絕對不要錯過夏季限定的露天納涼床，可以欣賞鴨川沿岸燈火之美。

日式和風義大利麵吃來清爽且香氣十足

室內座位風格和洋融合、裝潢典雅

Goal

木屋町的時尚酒吧

9 L'Escamoteur Bar

✉ 京都市下京區西石垣通四条下る斎藤町138-9 ☎ 075-708-8511 ◷ 20:00～02:00 🚇 京阪本線「祇園四条」站步行6分，阪急「河原町」站步行6分 http www.facebook.com/L-Escamoteur-1392735951033939 Map P.95

在先斗町飽餐一頓後，沿路走逛會發現許多條垂直的小巷弄，這些小路帶領我們走向隔壁街的「木屋町」。木屋町位在人工運河「高瀬川」旁，每到春天，兩岸櫻花齊放，站在水邊看那無盡的櫻花搭上古風十足的町家建築，浪漫無比。和先斗町同為京都夜生活好去處的木屋町，開滿了傳統日式居酒屋和時尚酒吧，想體驗日本夜生活的話，來這裡準沒錯。

而沿著木屋町往南過四条通不遠，有一棟以紅磚堆砌、極具異國風味的建築，讓人不自覺推開門走上階梯來到2樓，迎面而來是充滿活力的服務生，熱情問候每位客人，吧檯後方帶著高筒帽的帥哥一邊甩弄著酒瓶一邊以英文向你打招呼，同時又轉回日文和檯前的客人聊天。L'Escamoteur

Bar雖然空間不大，但氣氛是相當歡愉的。從法國到日本定居多年的Chris，調得一手好酒，幽默風趣的個性常逗得客人呵呵笑，難怪檯前總是坐滿在地熟客，連外國觀光客都慕名而來。

下次到京都晚上不知道去哪的話，不妨來和L'Escamoteur的老闆聊聊天。不過如同大多日本居酒屋，L'Escamoteur並沒有禁菸，不喜歡菸味的朋友可能會不太習慣。

店內燈光昏暗氣氛佳

微醺小酌度過美好夜晚

▶▶▶ 京都花街：先斗町

　依著美麗的鴨川，在京都最熱鬧的三条通到四条通間，有著一段500公尺長的小巷，入夜後，隨著兩旁日式燈籠紛紛亮起，此時走入石板路鋪的窄巷，一棟棟木造傳統房屋特別有味道，散步其中，感受此處的日式古樸風情，是京都夜晚的一大享受。

充滿美食的深夜食堂

　這條風情小巷名為「先斗町」，從江戶時代開始就是一條熱鬧的街道，兩旁盡是高級日式料亭、旅館，由於有許多歌舞伎表演而漸漸有名起來，是京都的五大花街之一。如今來到這裡，並不太有機會在老街巧遇藝妓，但如同其他花街，先斗町也留有許多傳統的京町建築，改建後成為各種餐廳，無論是日式的高級料亭、茶室、平價居酒屋、燒烤店、酒吧，或是中華料理、西式料理、韓國料理，都可發現行蹤，晚上不知道去哪時，就來先斗町尋找屬於自己的京都深夜食堂吧！

鴨川河畔整排的納涼床

夏季限定的鴨川納涼床

　每到5～9月間，包含先斗町在內，從二条大橋延伸到五条大橋間，靠著鴨川一側約莫90多間店家，會紛紛於河道旁架起稱為「納涼床」(川床)的露天高台，而這個習慣起源於江戶時代。夜晚亮燈後，客人可以在此品嘗各國佳肴，同時享受夏夜涼風與鴨川美景，歡樂氣氛到達最高點，如此幸福可是只有夏日的京都才能有喔！除此之外，貴船、高雄、鷹峯一帶也有露天用餐座。

🚇 地下鐵東西線「三条京阪」站或阪急「河原町」站步行1分

先斗町聚集了各式餐廳

Route 6

吃遍大阪美食
服飾雜貨瘋狂購

大阪今昔館 · 難波

　説到大阪，許多人腦中浮現的應該是繁華的商業之都，然而，萬丈高樓平地起，造就這一切靠的不僅是古往今來稱霸各方的群雄，更是歷史長河的積累。初探此地，不妨就從「大阪今昔館」開始，充滿江戶時代面貌的建築群，最能細細體會古大阪的韻味。離開今昔館，來到南方的鬧區，親見大阪的繁榮現貌，傳統與現代的交織。章魚燒、大阪燒、串炸等可口大阪美食聚集的「道頓堀」；充滿創意、個性、流行的「美國村」；流行時尚店家齊聚一堂的「心齋橋」；維持大阪傳統風格的「千日前」與「法善寺」。無論你喜歡購物、美食或歷史文化，都可在這個城市找到樂趣。

Route 6 行程 Plan

吃遍大阪美食，服飾雜貨瘋狂購

Start

10:00 ~ 11:40　1 大阪今昔館

🚃 20分鐘

「天神橋筋六丁目」搭乘堺筋線(天下茶屋方向)至「日本橋」站，不出站轉乘千日前線(往野田阪神方向)至「難波(なんば)」站，15號出口步行10分

12:00 ~ 13:30　2 美津の

👣 10分鐘

往南步行過「千日前通」約10分

13:40 ~ 14:40　3 千日前道具屋筋商店街

👣 10分鐘

往北過「千日前通」，步行約10分

14:50 ~ 15:24　4 法善寺橫町

👣 6分鐘

往北過道頓堀川，往西過御堂筋，步行6分

15:30 ~ 17:30　5 美國村

👣 6分鐘

往東過御堂筋，往南過道頓堀川，步行6分

17:36 ~ 18:50　6 道頓堀

👣 2分鐘

往北過戎橋，步行2分

Goal　7 心齋橋

18:52 ~ 21:00

心齋橋

地下鐵長堀鶴見綠地線

長堀橋

長堀通

地下鐵四つ橋線

阪神高速1號環狀線

地下鐵堺筋線

堺筋

御堂筋大丸前

御堂筋清水町

5 美國村

御堂筋周防町

7 心齋橋筋商店街

御堂筋八幡町

御堂筋三津寺町

四つ橋筋

北極星

道頓堀川

地下鐵御堂筋線

御堂筋

6 道頓堀

2 美津の

4 法善寺橫町

地下鐵千日前線

難波

夫婦善哉

阪神難波線

地下鐵千日前線

JR難波

難波

大阪難波

難波

近鐵難波線

日本橋

（大和路線）JR關西本線

地下鐵四つ橋線

近鐵日本橋

黑門市場

高島屋

3 千日前道具屋筋商店街

交通 Tips

難波地區為大阪南部鬧區，道頓堀、心齋橋、美國村等區邊走邊逛10分鐘內便可到達，距離相當近。

南海難波

難波地圖

搞懂大阪地下鐵便可以在大阪各大觀光景點來去自如，像本路線走的大阪今昔館、難波一帶都位於地鐵站附近，從「天神橋筋六丁目」站出發至「日本橋」站轉車到「難波（なんば）」站，即到達大阪南區鬧區，道頓堀、心齋橋、美國村等都在附近，步行即可到達。

吃遍大阪美食，服飾雜貨瘋狂購

大阪今昔館地圖

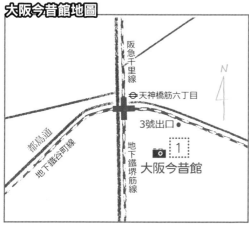

Route 6 地下鐵站簡圖

天神橋筋六丁目 T18/K11
Tenjimbashisuji 6-chome
JR大阪環狀線

扇町 K12
Ogimachi

南森町 T21/K13
Minamimorimachi

北浜 K14
Kitahama

堺筋本町 K15/C17
Sakaisuji-Hommachi

長堀橋 N16/K16
Nagahoribashi

なんば Y15/S16/M20
Namba

日本橋 S17/K17
Nippombashi

大阪今昔館・難波

大阪今昔館

千日前道具街

法善寺橫町

美國村

道頓堀

心齋橋 WEGO

穿越時空體驗江戶時代大阪風華

1 大阪今昔館
（大阪くらしの今昔館）
Osaka Kurashi no Konjyaku Kan

✉ 大阪市北區天神橋6-4-20 ☎ 06-6242-1170 🕐 10:00 ～17:00(最後入館16:30，週二、12/29～1/2休館) 💲 成人¥600，憑大阪周遊券可免費入場 🚇 地下鐵「天神橋筋六丁目」站3號出口處，搭乘電梯至8F 🌐 konjyakukan.com ❓目前租借浴衣的活動已暫停 🗺 P.101

初代通天閣好似巴黎凱旋門上建了一座艾菲爾鐵塔，前方則是一片遊樂園 (8F)

巷弄裡還有可愛的小狗模型

　　穿著浴衣走入江戶時代後期，體驗古大阪風情，穿梭在過往的老街巷弄，探索舊時代的日本民居，彷彿穿越時空成為古大阪人一般，現場洋貨店、綢緞莊、藥鋪、小間物屋、吳服屋、澡堂等商家皆是原始呈現。可以在30分鐘內穿著木屐在江戶風情或大正時代的浪漫街道留下張張合影。除了真實重現古大阪的建築外，館內亦有展出江戶時代後期的古大阪城市模型，讓遊客透過體驗與參觀能了解大阪過去的生活。

實物大小真實重現天保年間的大阪小鎮風情 (9F)

觀景台可以展望整個江戶大阪 (10F)

12:00 ～ 13:30

遊玩鐵則
盡量安排離峰時間前往，不然排隊半小時是跑不掉的。

新鮮食材制勝的大阪燒名店

2 美津の
Mizuno

✉ 大阪市中央區道頓堀1-4-15 ☎ 06-6212-6360 🕐 11:00～22:00(最後點餐21:00) 💲 ¥990起 🚇 地下鐵御堂筋線15A出口「難波」站15A出口步行5分 🌐 www.mizuno-osaka.com 🗺 P.100、105

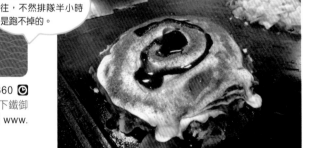

　　來到大阪，怎能沒吃過大阪燒呢？而這家動輒要排半小時的名店「美津の」，以新鮮食材為勝，吃過的都說好吃。店裡第一名的「山藥燒」，以健康的山藥代替麵粉，在口中融化的山藥口感，深受愛美女性歡迎。招牌的「美津の燒」，有蝦、烏賊、干貝、章魚、碎肉、豬肉等6種豐富食材，讓人大感滿足。也有提供繁體中文菜單喔！

無時無刻都是人潮

食材豐富又新鮮的美津の燒

13:40 ～ 14:40

餐具、廚具挖寶處

3 千日前道具屋筋商店街
Sennichimae Doguyasuji Shotengai

✉ 大阪市中央區難波千日前5-19 🕐 店家大多在10:00～11:00開店，實際請以各家店公告為主 🚇 地下鐵各線搭至「難波」站步行3分、「日本橋」站步行5分 http www.doguyasuji.or.jp Map P.100

買一台在家就可以自己做章魚燒了

廚房用品的天堂，舉凡電鍋、瓦斯爐、蒸籠、章魚燒烤爐、大阪燒用具、烘焙道具、餐具到開店用燈籠、工作服、招牌布簾應有盡有。無論家庭主婦、料理職人都可以在這裡找到需要的物品，而且好多碗盤餐具都好精緻，讓人很想全部帶回家！

特別注意：店家大多10:00後開門，有特別想逛哪家店，營業時間和定休日都可在「千日前道具街」官網，點入「店鋪のご案」查詢。

餐廳營業用相關物品如掛簾、燈籠、制服、招牌

14:50 ～ 15:24

鬧區中寧靜的懷舊巷弄

4 法善寺橫町
Hozenji Yokocho

🚇 地下鐵「難波」站14號出口步行4分 Map P.100

織田作之助的小說《夫婦善哉》，是一個描述了放蕩不羈的男主角與舞妓在昭和年間大阪求生存的寫實故事，這本小說也讓故事背景的法善寺橫町聞名全日本。位於大阪最繁榮的南區，法善寺橫町顯得格外寧靜懷舊，由石板鋪成的小徑，隱藏了許多酒吧、百年料亭，行走其中猶如置身古大阪一般。

漫步法善寺橫町引發懷古幽情

其他推薦

夫妻幸福圓滿，單身可達戀愛成就的大阪名物

夫婦善哉
Meoto Zenzai

✉ 大阪市中央區難波1-2-10 📞 06-6211-6455 💲 ¥815 🕐 平日10:00～22:00 🚇 地下鐵御堂筋線「難波」站14號出口步行4分 http sato-res.com/meotozenzai Map P.100

微甜的紅豆使用的是丹波大納言紅豆，嚼勁Q彈的白湯圓為國產糯米製作

因織田作之助小說《夫婦善哉》而有名的夫婦善哉，仍保留著1883年創業以來的傳統口味，名為「夫婦善哉」的紅豆湯代表著夫妻的關係圓滿，一人份的紅豆湯圓分成兩碗，兩個人一起吃關係會越來越好。

二手衣與流行雜貨勝地

5 美國村
America Mura

以美國70年代街頭文化風格為主，各式個性商店林立，巨大的街頭塗鴉牆、自由女神像、路上隨處可見的裝置藝術、打扮標新立異的年輕人穿梭於此，無不可見此區的活力，這裡也是二手衣的掏寶好去處，喜歡逛街購物及新奇潮流的人，不妨來此感受另類日本年輕人的活力。

美國村地圖

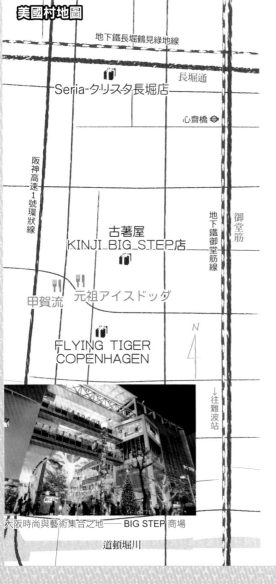

大阪時尚與藝術集萃之地——BIG STEP商場

人氣元祖霜淇淋炸麵包

超人氣霜淇淋炸麵包

元祖Icedog
（元祖アイスドッグ）Ganso Icedog

✉ 大阪市中央區西心斎橋1-7-11 ☎ 06-6281-8089 🕐 11:00～21:00(不定休) 💲 ¥450 🚇 地下鐵「心齋橋」站7號出口往美國村方向步行5分 🌐 ice-dog.net 📍 P.104

來感受冷與熱蹦出的火花吧！由老理髮廳改建而成，人氣商品「元祖霜淇淋炸麵包」將原本包熱狗的麵包炸得酥脆後，擠上冰涼的霜淇淋，吃來口感超乎想像。店內也有賣霜淇淋，使用聞名全日本的六甲牧場牛奶，而炸麵包則是使用北海道牛奶再加入鮮奶油的霜淇淋帶出其濃郁口感。

風格二手衣店

古著屋KINJI BIG STEP店

✉ 大阪市中央區西心斎橋1-6-14 2F ☎ 06-6281-1515 🕐 11:00～20:00 🚇 地下鐵「心齋橋」站7號出口往美國村方向步行8分 🌐 www.kinji.jp 📍 P.104

KINJI是古著(二手衣)挖寶天堂，在日本有多家連鎖店，裝潢相當有格調，各式日系風格衣服種類齊全，且衣服品質也很好，完全不像穿過一樣，想找軍事風格、蘿莉風格、日系懷舊洋裝，都可以來這裡看看。

豆知識

古著 意指穿過的服飾或是沒穿過的二手新品，在古著店除了能找到價格相對便宜的當季二手新品，也可見標有「ビンテージ」(Vintage)字樣的衣服，便是1930～1980年代左右流行的復古服飾(目前多由美國進口)。

吃遍大阪美食，服飾雜貨瘋狂購

口味獨特的章魚燒

甲賀流
Kougaryu

満満蔥花的蔥花酸醋醋章魚燒

✉ 大阪市中央區西心斎橋2-18-4 ☎ 06-6211-0519 ⏰ 10:00～20:30 💲 ¥500起 🚇 地下鐵「心齋橋」站7號出口往美國村方向步行5分 🌐 www.kougaryu.jp 🗺 P.104

說到美國村最知名的排隊名店之一，便是三角公園旁、在日本擁有多家分店的甲賀流。其章魚燒內餡飽滿、口味獨特，特色則是吃來軟綿順口的口感搭配獨特酸醋醬汁及自製美乃滋。而美國村人氣的「蔥花酸醋章魚燒」上頭還覆蓋了滿滿的蔥花，吃來格外酸溜爽口。

17:36 ～ 18:50

感受大阪的繁華活力

6 道頓堀
Dotonbori

道頓堀位於大阪繁榮心臟地帶的南區，周圍連結戎橋、心齋橋，而最具代表的地標性景點，當然就是固力果以及各式奪人目光的巨型看板。這裡是大阪飲食文化的發源地，現在也成了一級美食戰區，章魚燒、大阪燒、壽司、串炸、拉麵、燒烤等，選擇多到無從下手！從街頭逛到街尾，每一家都好美味，如果不看緊荷包，可能會吃到口袋光光！

道頓堀越晚越美

大阪今昔館・難波

道頓堀地圖

地下鐵御堂筋線

戎橋

道頓堀川

蟹道樂
道頓堀本店

🍴 道頓堀 一明

🍴 四天王拉麵

🍴 千房 道頓堀ビル店

家道頓堀くる本店

たこ燒十八番 道頓堀店 🍴 🍴
道頓堀今井本店

🍴 🍴 🍴 🍴 本家大たこ
🍴 金久右衛門
🍴 美津の

大起水産迴轉壽司
道頓堀店

●14號出口

N

↓往難波站

丸福珈琲店本店 🍴

蟹道樂 道頓堀本店
Kani Doraku

✉ 大阪市中央區道頓堀1-6-18　📞 06-6211-8975　🕐
11:00〜22:00　💲 套餐¥6,000起，午餐套餐¥3,300起
🚇 地下鐵各線搭至「難波」站14號出口步行4分　http
douraku.co.jp　Map P.105

要尋找蟹道樂最簡單的方法，就是找道頓堀
上那醒目的巨蟹招牌，不然鼻子也會為你帶路，
門口犯規的賣著香氣誘人的烤螃蟹，很難不被發
現。招牌的螃蟹火鍋，喝來相當鮮甜，也有各式
蟹料理如蟹刺身、蒸蟹、烤螃蟹、螃蟹釜飯等，
可以盡情享用鮮美的螃蟹料理，若想要吃多種菜
色的話，也有比較划算的套餐可以選擇。店內有
中文菜單。

遊玩鐵則
16:00前供應的午餐套餐比
較划算，建議上官網事先預
約，才不用現場等候。

たこ家道頓堀くくる本店
Takoya Dotonbori Kukuru

✉ 大阪市中央區道頓堀1-10-5 1F　📞 06-6212-7381
🕐 週一〜五11:00〜21:00，週六、日、假日10:00〜
21:00　💲 ¥980起　🚇 地下鐵各線搭至「難波」站14號出
口步行3分　http www.shirohato.com/kukuru　Map P.105

這家店販售的章魚燒以超大塊章魚取勝，口感
外酥內軟，而本店限定的「嚇一跳章魚燒」(びっ
くりたこ)，那大到露在外頭的章魚腳一整個就很
吸睛。除了章魚燒外，不妨點份招牌的明石燒，
明石燒相當類似章魚燒，但雞蛋成分多於麵糊，
吃來更滑嫩，強調的是原味，沾著高湯吃來特別
美味。

金久右衛門
King Emon

✉ 大阪市中央 道頓堀1-4-17　📞 06-6211-5502　🕐
11:00〜05:00　🚇 各線搭至「難波」站14號出口步行5分
http king-emon-dotonbori.com　Map P.105

Tabelog評選的大阪最佳麵條店，連續3年榮獲
第一。在大阪麵條界的霸王決戰中脫穎而出。是
代表關西的醬油麵條專賣店，醬油拉麵共分為清
淡的「金醬油」到最人氣的「大
阪黑」共5款，湯頭濃郁，醬
油香氣四溢，堪稱大阪最強
的醬油拉麵。

金醬油拉麵湯頭清爽，帶有淡淡的醬油香氣

雞蛋麵糊的明石燒入口即化

門口相當好認的大型章魚看板

超大豆皮吃來略帶甜味

豚骨湯加入味噌吃來非常可口

烏龍麵行家

道頓崛今井 本店
Dotonbori Imai

✉ 大阪市中央區道頓堀1-7-22　📞 06-6211-0319　🕐 11:30～21:30(最後點餐21:00，週三公休)　💲 ¥880起跳　🚇 地下鐵「難波」站14號出口步行5分　🌐 www.d-imai.com　🗺 P.105

經營60餘年的烏龍麵老店，想試試與讚岐不同的大阪烏龍麵，絕對要來今井。經過嚴選高級天然食材熬煮的高湯，金黃色的湯喝來真是絕頂美味，麵條Q彈中帶有些許柔軟，但吃來滑順帶有湯頭的香氣，真的是烏龍麵界的極品啊！店家附有中文菜單。

叉燒肉擄獲人心

四天王拉麵
Shi Ten Noh Ramen

✉ 大阪市中央區道頓堀1-7-25　📞 06-6212-6350　🕐 24hr　💲 平均消費¥900　🚇 地下鐵「難波」站14號出口步行5分　🗺 P.105

曾榮獲2009～2010年網路票選西日本第一名拉麵的四天王，那軟嫩的叉燒肉果真擄獲了我的胃，湯底共有醬油、塩、味噌味3種口味可以選擇，微硬的細麵搭上特別熬煮的湯底，吃起來一整個滿足，店家也有提供拉麵胡椒、白芝麻、辣油、蒜泥等調味料可以增添風味。

正宗的大阪燒

道頓堀 一明
Dotonbori Ichiaki

✉ 大阪市中央 道頓堀1-6-12 B1F　📞 05-5484-2754　🕐 11:30～21:30　🚇 各線搭至「難波」站14號出口步行5分　🌐 ichiaki.gorp.jp　🗺 P.105

位於難波道頓堀江畔，是我在大阪最喜愛的大阪燒餐廳。必點招牌菜「大阪想い出燒」以可愛的愛心形狀聞名，服務生會在上桌時現場裝飾。食材新鮮，醬料不會太鹹，吃起來不會膩，如果你想品嘗正宗的大阪燒，強烈推薦直接來這裡。

心型的大阪燒配料有高麗菜、蝦子、花枝、帆立貝和豬肉片等

歷史悠久的復古咖啡廳

丸福珈琲店 本店
Marufuku Coffee

✉ 大阪市中央區千日前 1-9-1　📞 06-6211-3474　🕐 08:30～23:00　💲 飲料¥560起，餐點¥250起　🚇 御堂筋線「難波」站步行5分，地鐵「日本橋」站2號出口步行3分　🌐 marufukucoffeeten.com　🗺 P.105

丸福珈琲店創立於昭和九年(西元1934年)，至今已有80餘年，從店門口、店內裝潢到餐盤器皿都是精心設計，帶有昭和時期西化的風格。店內至今仍維持創立初期使用的焙煎技術來萃取咖啡。

「起司厚片(チーズトースト)」的吐司吃來軟嫩，外皮酥脆可口，起司鹹甜的口味非常美味

丸福珈琲店復古的外觀

▸▸▸「天下の台所」必嘗特色美食

人氣 No.1 的道頓堀燒

大阪燒

　外地人來大阪玩，一定會被帶去吃大阪燒！日文「お好み焼き」的大阪燒，意思便是將自己喜歡的食材與調好的大阪燒麵糊攪拌在一起的麵粉食品，是大阪代表性飲食之一。

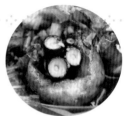

章魚真的超大塊的啦！

章魚燒

　圓滾滾的章魚小丸子，遇上舞動的柴魚片，一整個超可愛又可口，這個大阪隨處可見的平民美食，其始祖「會津屋」仍保留了章魚燒最傳統的風味，無添加任何醬汁，這裡為大家推薦，道頓堀的人氣章魚燒攤「たこ焼十八番 道頓堀店」。

千房 道頓堀ビル店
Chibo

　在大阪眾多大阪燒店中，千房是超高人氣的店家之一，店門口總是有滿滿的排隊人潮。招牌的「道頓堀燒」，有豬肉、烏賊、蝦、牛筋、起司等豐富多樣的食材，淋上醬汁、美乃滋，吃來超級好吃。

✉ 大阪市中央區道頓堀1-5-5 1～4、6F ☎ 06-6212-2211 ⏰ 11:00～22:00 💲 平均消費¥1,620 🚇 地下鐵「難波」站15號出口步行8分 http www.chibo.com Map P.105

たこ焼十八番 道頓堀店
Takoyaki Juuhachiban

　使用牛奶與高湯調製的特色麵糊，內餡加入了櫻花蝦、生薑，口味富有層次，相當有特色，外皮還裹上了一層天婦羅麵衣，創造出酥脆的口感。

✉ 大阪市中央區道頓堀1-7-21 ☎ 06-6211-3118 ⏰ 11:00～21:00 💲 ¥350起 🚇 地下鐵「難波」站15號出口步行8分 http d-sons18.co.jp Map P.105

特色炸麵衣外皮

店長推薦的「Half & Half」，鹽、海苔絲、柴魚一次到位

吧檯位置可以近距離欣賞師傅製作大阪燒

來到大阪，不得不提它的美食。大阪由於是日本江戶時代全國各地的食材集散地，因此有「天下的廚房」(天下の台所)之稱，也造就了許多和食的發展。大家熟悉的章魚燒、蛋包飯、串炸都是來自於大阪，而串炸的起源地就在通天閣附近！這裡介紹4種非吃不可的大阪美食，快把肚子空出來，大快朵頤去囉！

 特別推薦
雞肉蛋包飯

蛋包飯

提起蛋包飯，就會讓人想到黃澄澄的蛋包和香噴噴的炒飯，以及切開後從半熟的蛋包中流出的濃郁蛋汁。大正年間，日本飲食深受洋食影響，位於心齋橋的「北極星」的老闆發現客人喜歡點鹹味蛋卷加白飯，便發明了蛋包飯，號稱是這款美食的起源老店。

北極星
Hokkyokusei

專賣洋食蛋包飯料理的北極星，是蛋包飯的創始店，共有雞肉、豬肉、牛肉、蟹肉、蝦等多種選擇，附有多語對照，點餐不太會困難。熱騰騰的蛋包飯，蛋皮軟嫩，和著醬汁下口，吃來酸酸甜甜並帶有濃濃蛋香味，粒粒分明的飯粒則吃得到洋蔥的香味。雞肉蛋包飯是店裡的人氣No.1，肉質口感很優！

✉ 大阪市中央區西心齋橋2-7-27 ☎ 06-6211-7829
🕐 平日11:30～21:30(12/31～1/1定休) 💲 平均
¥1,080 🚇 地下鐵「難波」站25號出口步行5分，或
「心齋橋」站7號出口步行8分 🌐 hokkyokusei.jp 🗺
P.100

坐在日式榻榻米座位，聽著輕音樂，悠閒的用餐環境讓人不想離去

飯粒吃來清爽不油膩

必吃美食4 串炸酥脆多汁

串炸

起源於大阪南區新世界一帶的串炸，將切成長條形的食材裹上麵粉，以高溫將外衣炸的酥脆，再浸泡至醬汁裡食用，吃來口感酥脆爽口。

八重勝
Yaekatsu

從肉類、海鮮到蔬菜多達20多種食材可選擇的人氣串炸店，以山芋泥裹食材油炸，外層酥脆，內餡多汁，沾著祕傳醬汁搭配高麗菜吃來相當清爽。食用串炸時，要特別注意禁止重覆沾醬(醬汁是共用的，禁止沾第二次是在大阪吃串炸的禮儀)！店內附有中英日文菜單可對照。

✉ 大阪市浪速區惠美須東3-4-13 ☎ 06-6643-6332
🕐 10:30～20:30(週四、每月第3個週三公休) 💲 每串
¥130起跳 🚇 地下鐵「動物園前」站1號出口 🗺 P.109

新世界地圖
通天閣
阪堺電軌阪堺線
地下鐵堺筋線
天王寺公園
鏘鏘橫丁
南陽通商店街
天王寺動物園
惠美須東3南
八重勝 🍴
N
關西本線(JR大和路線)
動物園前
地下鐵御堂筋線

流行時尚一級戰場

7 心齋橋
Shinsaibashi

大阪最好逛最好敗的地方非心齋橋莫屬，聚集了各式精品店、流行服飾店、平價雜貨、藥妝店，北端三大知名平價服飾品牌ZARA、H&M、UNIQLO連成一氣；有著哥德式建築的大丸也是購物好去處；從大丸轉出去會看到御堂筋，DIOR、CHANEL、FENDI、LV等精品皆在此設點，可說是滿足了各種族群與年齡層購物需求的敗家大本營。

大丸百貨

大丸百貨本館9樓的寶可夢中心

藥妝店

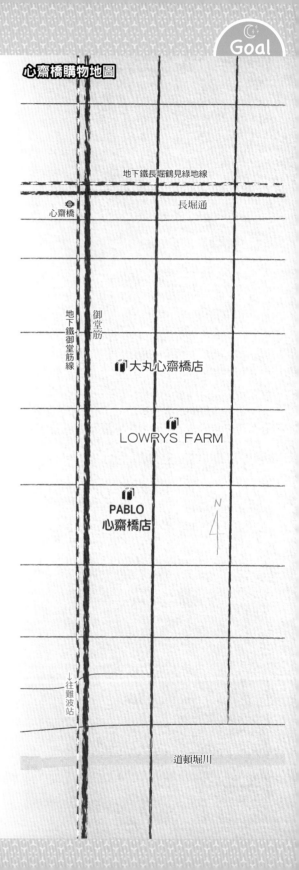

心齋橋購物地圖

地下鐵長堀鶴見綠地線

心齋橋　　　　　　　　長堀通

御堂筋

地下鐵御堂筋線

🎁 大丸心齋橋店

🎁 LOWRYS FARM

🎁 PABLO 心齋橋店

N

↓往難波站

道頓堀川

紅透半邊天的半熟起司蛋糕

PABLO 心齋橋店
（パブロ）

✉ 大阪市中央區西心斎橋筋2-8-1 ☎ 06-6211-0860 🕐 週一～四11:00～21:00，週五～日10:00～21:00 🚇 地下鐵各線搭至「心齋橋」站6號出口步行5分 http www.pablo3.com Map P.110

　　關西人氣甜點之一，綿密的半熟起司蛋糕，切開後起司緩緩流出，一口咬下溫熱的蛋糕皮，卻有著令人驚豔的超酥脆口感！而內餡搭上表面的酸甜果醬，吃起來也一整個好幸福！

均一價賣給你

Thank You Mart

✉ 大阪市中央區心齋橋筋2-6-2 1F ☎ 06-4708-0277 🕐 11:00～20:00 💲 ¥390 🚇 地下鐵各線搭至「難波」站步行5分 http www.390yen.jp Map P.110

　　你相信古著商品一律¥390嗎？不要懷疑，Thank You Mart的商品真的一律¥390，有著大量古著可以挖寶，還有手機套、生活雜貨、髮飾、拖鞋等商品。

心齋橋筋上小小的店門口，不特別找很容易錯過

古著區也是全品 ¥390

輕鬆穿搭出自己的風格

LOWRYS FARM

✉ 大阪市中央區心齋橋筋1-5-22 2F ☎ 06-4963-5811 🕐 11:00～21:00 🚇 地下鐵各線搭至「心齋橋」站6號出口步行1分 http www.dot-st.com/lowrysfarm Map P.110

　　日本人氣少女服飾品牌，受到20～30歲年輕族群的喜愛，服飾走的是日常休閒風，但又不失流行感，擅長穿搭的女性，也可以在這裡找到很好搭配的衣服，穿出自己的風格。消費滿萬元還有免稅服務。

簡約具流行感

同場加映順遊

通天閣
Tsutenkaku

✉ 大阪市浪速區惠美須東1-18-6 ☎ 06-6641-9555
🕐 09:00～21:00(最後入場20:30) 💲 ¥700 🚇 地下鐵「惠美須町」站步行3分，地下鐵「動物園前」站步行10分 http www.tsutenkaku.co.jp Map P.109

充滿大阪老街風情的新世界，小巷中有著許多傳統老店，鏘鏘橫丁更是串炸店的一級戰場，彈珠台店、大眾劇場等充滿大阪風情的娛樂設施，都是體驗昭和復古氛圍的好去處。

原建於1912年的通天閣，外觀設計仿照巴黎艾菲爾鐵塔，剛落成時是亞洲最高的建築物，更是當時大阪的地標，後被大火燒毀。戰爭時為了供給鋼鐵，便把殘存的通天閣拆除，第二次世界大戰後，於1956年重建，日本第一台電梯也是在這裡誕生的，可以說是充滿了老大阪人的回憶。

有著兜巴巴大叔招牌的串炸達摩 (元祖串かつだるま)

外觀別具風味的橫綱串炸

鏘鏘橫丁 南陽通商店街
Janjanyokocho

✉ 大阪市浪速區惠美須東3丁目 🚃 JR「新今宮」站、地下鐵「動物園前」站步行5分 Map P.109

全長只有180公尺的大阪風情老街，整條街道充滿了朝氣與懷舊風，大部分店家都是串炸店或居酒屋，也有許多可口的小吃店，是個充滿大阪飲食文化氛圍的商店街。

曾經是電影場景的名將棋會館

鏘鏘橫丁

Route 7

搭乘地鐵
大阪知名景點一次GO

大阪城 · 黑門市場 · 大阪港 · 梅田

　　搭上四通八達的地下鐵走遍大阪最夯景點，盡情享受這個活力十足的海港城市吧！一早來到與豐臣秀吉息息相關的城堡，看看日本三大名城之一的「大阪城」；中午到「黑門市場」大啖新鮮又便宜的海鮮；下午搭乘「天保山大觀覽車」及「聖瑪麗亞號」，欣賞大阪港周邊的美麗景色；走累了，便到梅田 Grand Front 的「Qu'il fait bon」來份幸福滿滿的水果派；傍晚時分，到「梅田藍天大廈空中庭園展望台」欣賞大阪美麗的夜景，再回到梅田車站，在周圍數不清的百貨公司、服飾雜貨店，為大阪旅途尋找一份紀念禮。

搭乘地鐵，大阪知名景點一次GO

Start

10:00
~
11:00

1 大阪城

30分鐘

步行15分至地鐵「谷町四丁目」站搭乘
中央線，於「堺筋本町」站轉乘堺筋線至
「日本橋」站下車，10號出口步行2分

11:30
~
13:00

2 黑門市場

30分鐘

至地鐵「日本橋」站搭堺筋線至「堺筋本
町」站，轉乘中央線至「大阪港」站下車

13:30
~
15:00

3 聖瑪麗亞號

3分鐘

步行3分

15:03
~
15:30

4 天保山大觀覽車

30分鐘

至地鐵「大阪港」站搭乘中央線至「本
町」站，轉乘御堂筋線至「梅田」站下車

16:00
~
16:45

5 Qu'il fait bon

7分鐘

從「GRAND FRONT南館」前地下道步行5
分出來看到梅田藍天大廈，順著指示牌上
39F

16:52
~
18:00

6 梅田藍天大廈
空中庭園展望台

18:00
~
18:50

7 きじ

10分鐘

步行10分

Goal

8 梅田

19:00
~
21:00

| 一日花費
小Tips | 大阪周遊卡 1 日券 | 2,800* |
	Qu'il fait bon	750
	きじ摩登燒	913
	Total	4,463

* 若交通費與觀光設施門票個別分購，花費共￥5,000，但購買大阪周遊卡
（見P.26）只需￥2,500。規畫連續兩天留在大阪玩，會省更多。

交通對策 搭地鐵玩大阪

　　本行程景點「大阪城」、「黑門市場」、「大阪港(含聖瑪麗亞號、天保山大觀覽車)」、「梅田」都位於地鐵站附近(大阪城距離稍遠，出站後需走約15分)，因此只要靠著地鐵就能走透透了！

大阪城地圖

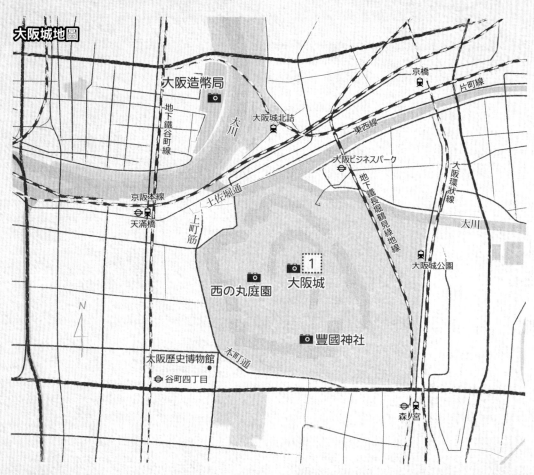

大阪造幣局
大川
大阪城北詰
京橋
片町線
地下鐵谷町線
東西線
大阪環狀線
大阪ビジネスパーク
地下鐵長堀鶴見綠地線
大川
京阪本線
土佐堀通
天滿橋
上町筋
1 大阪城
大阪城公園
西の丸庭園
豐國神社
太阪歷史博物館
本町通
谷町四丁目
森ノ宮
N

黑門市場地圖

千日前通
日本橋
地下鐵千日前線
近鐵
近鐵日本橋
地下鐵堺筋線
堺筋
2 黑門市場
N

大阪港地圖

天保山大觀覽車
4
3
聖瑪麗亞號乘船處
海遊館
大阪港站
地下鐵中央線
N

豐臣秀吉時代象徵

1 大阪城
Osakajo

✉ 大阪市中央區大阪城1-1 ☎ 06-6941-3044 ⏰ 09:00～17:00(最後入場16:30，依季節而異，12/28～1/1公休) 💲 天守閣¥600，西之丸庭園¥200 🚇 地下鐵谷町線「谷町4丁目站」1-B出口、「天滿橋」站3號出口、地下鐵中央線「谷町4丁目」站9號出口、「森之宮」站 1號出口步行15分 http www.osakacastle.net Map P.115

　　來大阪當然要到日本三大名城之一「大阪城」朝聖！大阪城為豐臣秀吉統一日本後所建的宏偉城邑，但爾後遭德川家康攻陷將豐臣家消滅，政權轉移至德川家。西元1620年，德川家第二代將軍德川秀忠開始重建大坂城，以此為據點控制西日本的各家大名。遊客從地鐵站出來，走進綠油油的大阪城公園，便可看到天守閣遠遠聳立著。

大阪城公園

　　往天守閣的路上，會經過城池、護城河，石垣和護城河靜靜佇立，周圍種滿了綠樹，洋溢著典雅的氛圍。

天守閣

　　天守閣象徵著豐臣秀吉時代的繁華，但因燒燬於戰爭，現在的大阪城天守閣是1931年仿豐臣秀吉時代的天守閣建造的。1585年豐臣時代完整的天守閣，下方的城主居殿、士兵房等已不復在，天守閣樓高8樓，現為豐臣秀吉時代的展示廳。

西之丸庭園 —— 大阪城最佳取景點

　　天守閣西邊的西之丸庭園內種有600株櫻花樹，櫻花季時許多人會在此野餐，欣賞大阪城與櫻花構成的絕佳美景。這裡也是拍攝大阪城的最佳位置。

草原上，一大片櫻花環繞在天守閣下，簇擁著昔日君王的威權

◈ 天守閣參觀重點 ◈

看點1 夏季之戰屏風畫

「大阪之陣」真田幸村 vs 松平忠直的戰場

　　5樓展示廳以影像與模型介紹了大阪夏季之戰，這場德川大軍消滅豐臣家的戰爭，象徵著戰國時代結束，日本重歸統一。

看點2 豐臣秀吉生平史

　　7樓是介紹豐臣秀吉生平的展廳。出身寒微的秀吉，受織田信長賞識，成了織田家重臣，信長被明智光秀背叛後，秀吉繼之而起，奠定了日後日本一統的基礎。

看點3 瞭望台展望大阪

天守閣頂樓眺望大阪視野極佳

　　天守閣頂樓的瞭望台景色寬廣，往西看，可以看到六角山、梅田、hep five、大阪車站、西之丸庭園，北邊則可見Crystal Tower、ORP Panasonic Tower、寢屋川。

遊玩鐵則
包圍著大阪城的史蹟公園，4月上旬4,300株的櫻花盛開之時是散步野餐的好地方。

11:30 ～ 13:00

大阪美食一級戰場

2 黑門市場
Kuromon Ichiba

遊玩鐵則
店家大多10:00後才開門，建議早上肚子多留點空間，才能一家一家吃。

🕐 09:30～10:00 店家開比較多，大多營業至18:00前打烊 🚇 地下鐵「日本橋」站10號出口，沿大路「堺筋」直走1分，左邊即是黑門市場入口
http www.kuromon.com Map P.115

有「大阪人的廚房」美稱的黑門市場，從明治時期成立至今，期間曾經一度沒落過，經過重整再行銷，現在已經是到大阪必遊的觀光景點之一。走在市場裡，有新鮮的蔬果、海產、國產肉攤販，也能找到讓人又愛又怕的河豚料理等，想找便宜美食、藥妝，這裡也是不可錯過的好點。

有天棚的市場，下雨也能放心逛，走累了，還有免費飲食空間可以坐下來休息，享用剛採購的新鮮美食，一整個很貼心。

黑門市場美食真的挺多，從著名的咖哩飯、關東煮、豆乳、神戶牛排到新鮮海產，根本就是吃不完啊！

頭部包有鵪鶉蛋的章魚串，外形非常吸睛

難以忘懷的香濃豆漿

高橋食品
Takahashi Shokuhin

✉ 大阪市中央區日本橋1-21-31 ☎ 06-6641-4548 🕐 09:00～16:00(週日公休) http www.kuromon.com/shop.php?id=44 Map P.118

到黑門市場一定要來嘗嘗高橋的豆漿，喝來有如米漿般濃稠，剛開始或許不習慣，但那新鮮的黃豆味脣齒留香，越喝越香醇，會讓人意猶未盡。會下廚的人，也可以考慮選購其他黃豆製品。

喝起來超香特濃豆漿

創業至今已有90餘年的高橋食品，是家豆腐專賣店

黑門市場店家地圖

松屋町筋

N

長楽会

千日前通

若鶏の小嶋家 🍴

黑門三平 🍴

石橋食品 🍴

地下鐵千日前線

高橋食品

親栄会 🍴

黑門会

南黑門会 🍴

黑門中川 生鮮館 🍴

黑門浜藤

黑銀金槍魚店

末広会

日二会

日本橋 10號出口 🚇

地下鐵堺筋線

堺筋

新鮮食材任君選購

黑門中川生鮮館
Kuromon Nakagawa

✉ 大阪市中央區日本橋1-21-5 ☎ 06-6646-6601
🕐 24HR，無休 🌐 www.kuromon.com/shop.php?id=74
🗺 P.118

黑門市場內的大型生鮮超市，門口擺滿琳瑯滿目的新鮮水果與蔬菜，也常見許多在地職人來此採購肉品生鮮。24小時全日營業，住在附近的話，晚上也可來逛逛。

門口的生鮮蔬果都讓人垂涎欲滴

日本四季必吃水果

來日本旅遊必吃日本國產水果，而且要吃當季的才會便宜又美味！超市、超商、地下美食街，或是商店街蔬果攤販都可購得！

春－草莓

12～4月間的草莓特別可口，草莓品種很多，栃木、福岡、熊本產的各有特色。

夏－水蜜桃、哈密瓜

日本水蜜桃大又甜、價格不貴，產季約6月中～10月中，以山梨縣為主要產地。哈密瓜是日本人的送禮好物，夕張產要價不菲，但吃來多汁鮮甜。

秋－葡萄、甜柿、蘋果

巨峰葡萄、10月中～11月中的超甜和歌山甜柿、青森蘋果等溫帶水果，都是金秋不可錯過的果物。

冬－柑橘類

柑橘類的盛產期，不妨試試愛媛縣的蜜柑。

河豚料理

黑門浜藤
Kuromon Hamatou

✉ 大阪市中央區日本橋1-21-8 ☎ 06-6644-4832
🕐 11:00～22:00(4～9月週一公休) 💲「浜」套餐¥5,000
(未稅) 🌐 www.hamatou.jp 🗺 P.118

創業90餘年的黑門浜藤，原本是一間河豚批發商，後開始經營餐廳，由專業的河豚師傅料理的河豚，吃起來相當令人安心。人氣的河豚火鍋套餐「浜」，從涼拌河豚皮、河豚生魚片、炸河豚肉、河豚火鍋到雜炊粥，可以一次品嘗各式處理方式的河豚料理。

河豚火鍋套餐「浜」

店門口巨大紅燈籠上寫著「浜藤」兩個斗大的字相當好認

用餐環境相當寬敞

給喜歡關東煮的人

石橋食品
Ishibashi Shokuhin

✉ 大阪市中央區日本橋2-2-20 ☎ 06-6632-0433 🕐 09:00
～17:00(依季節而異，週日、假日公休) 💲 平均消費¥200
🗺 P.118

1974年創立的惣菜店，許多在地人都會在此購買熟食小菜回家配飯吃。店裡販賣的關東煮也相當知名，以古法烹製的關東煮吃來非常入味。店內餐點附有中文對照。

熱騰騰的關東煮

相當有味道的牛筋
(牛すじ)、豆腐

飲食豆知識

惣菜(そうざい)　惣菜是日本的配菜，類似中文所說的家常菜，市場、百貨、超商都有販售這種可即食的熟食，買回家配飯很方便。

海產人氣店

黑門三平
Kuromon Sanpei

✉ 大阪市中央區日本橋1-22-25 ☎ 06-6634-2611 🕐
09:30～17:00 🌐 www.kuromon-sanpei.co.jp 🗺 P.118

黑門三平算是黑門市場最有人氣的店，冰櫃上滿滿的新鮮海產，從海膽、帝王蟹、生魚片、鹽烤大海老、串燒干貝等，讓喜歡海產的人難以抵擋。價格漂亮，也不用擔心烹調，因為大多數都是可以現吃。

黑門市場人氣生魚店黑門三平

生鮮海鮮、海膽、帝王蟹、河豚等都可以現吃

119

新鮮的烤雞肉串
若鶏の小嶋家
Kojimaya

✉ 大阪市中央區日本橋1-16-10 ☎ 06-6641-2217 ⏰ 08:00～18:00(週日公休) 💲 平均消費¥120 🔗 www.kuromon.com/shop.php?id=10 🗺 P.118

黑門市場的人氣生鮮雞肉、鴨肉專賣店，除了新鮮的肉品外，熟食的烤雞肉串、唐揚雞，都能吃出多汁的肉汁。

可口的烤雞肉串

特選鮪魚生魚片必點
黑銀金槍魚店
まぐろや黑銀

✉ 大阪市中央 日本橋2-11-1 ☎ 06-4396-7270 ⏰ 09:00～21:00(週二、三公休) 🔗 kurogin.co.jp 🗺 P.118

黑門市場內的高人氣鮪魚生魚片專賣店，以大小和部位定價，可選擇製作刺身、丼飯或握壽司。推薦必點的特選鮪魚生魚片「カマトロ」，口感新鮮，油脂瞬間融化，帶來極致的味蕾享受。

13:30 ～ 15:00

乘船遊大阪港
3 大阪港帆船型觀光船 聖瑪麗亞號
Osakako Hansengata Kankosen Santamaria

✉ 大阪市港區海岸通1-1-10 ☎ 06-6942-5551 ⏰ 11:00～16:00每小時整點發船，請提早15分來排隊(首、末班船的時間依季節變動)。12/31、1/10～2/3、2/15～16公休 💲 ¥2,100 🚇 地下鐵中央線「大阪港」站1號出口步行10分 🔗 suijo-bus.osaka 🗺 P.115

來到大阪港第一眼看到停泊在岸邊的聖瑪麗亞號時，會被那巨大的桅桿震撼到，也難怪，這遊船可是仿製自哥倫布發現新大陸所搭乘的「聖瑪麗亞號」，但船身是原船的兩倍大，名字則是直接沿用。

從海遊館出航，沿途欣賞天保山大橋、環球影城、碼頭等港灣景色，整艘船空間非常大，可在甲板上吹海風放空一切，也可在餐廳欣賞窗邊海景。整段航程約45分。

大阪港大橋

遠在船上便可聽到環球影城方向傳來淒厲的尖叫聲

在船頭處吹著海風相當舒服

15:03 ～ 15:30

從高空欣賞大阪港美景

4 天保山大觀覽車
Tempozan Kanransha

✉ 大阪市港區海岸通1-1-10 ☎ 06-6576-6222 🕐 10:00～21:00(售票及搭乘窗口至21:30為止，公休日同海遊館P.126) 💲 ¥800 🚇 地下鐵中央線「大阪港」站1號出口步行10分 🌐 tempozan-kanransya.com/tempozan-kanransya.com 🗺 P.115

高達112.5米的天保山大觀覽車(摩天輪)，從下面抬頭看相當壯觀，於覽車上俯瞰大阪港灣景致也相當美，天氣好，還可望見遠方的明石海峽大橋至神戶六甲山一帶。膽量大一點的人，也可以選擇搭限量4台的透明車廂，體驗視線毫無阻隔的刺激感。夜晚摩天輪點燈後格外浪漫，是情侶約會的最佳地點。

摩天輪上俯瞰大阪港景致

16:00 ～ 16:45

充滿少女夢幻感的甜點店

5 Qu'il Fait Bon
(キルフェボン)

✉ 大阪市北區大深町4-20 GRAND FRONT OSAKA 南館2F ☎ 06-6485-7090 🕐 11:00～21:00(最後點餐20:30) 💲 平均消費¥820 🚇 JR「大阪」站步行1分，阪急線「梅田」站步行3分，地下鐵「梅田」站北口步行3分 🌐 www.quil-fait-bon.com 🗺 P.124

Qu'il Fait Bon的水果塔，光是長相就超美，更曾獲選《黃金傳說》甜點類Best 100的第一名，是高人氣甜點店，雖然需要稍微排一下隊，還是讓人期待不已。在充滿溫馨可愛風格的店裡享用如鑽石般美麗的新鮮水果塔，一整個超幸福。位於大阪車站北區的GRAND FRONT OSAKA南館，逛街逛累了，最適合來喝下午茶。還會推出季節限定的水果塔喔。

由繽紛的新鮮水果妝點的水果塔

春季限定草莓塔，草莓吃來酸甜多汁，搭上奶油與酥脆的塔皮一起入口，好吃！

戀人の聖地

6 梅田藍天大廈空中庭園展望台
Umeda Sukai Biru Kuchu Teien Tenbodai

大阪地標「梅田藍天大廈」被英國《泰晤士報》列為「世界最具代表性的20座建築物」

40F欣賞大阪夜景

✉ 大阪市北區大淀中1-1-88 梅田藍天大廈39F、40F、屋頂 ☎ 06-6440-3855 ⏰ 09:30～22:30(最後入場22:00，依季節有所不同) ¥ ¥1,500(大阪周遊卡可免費入場) 🚇 地下鐵「梅田」站5號出口，往北走到十字路口「芝田一」，左轉直走10分鐘即是 http www.kuchu-teien.com Map P.124

　　梅田藍天大廈樓上的空中庭園展望台擁有360度觀景視角，可飽覽整個大阪市景。可坐在40F透過玻璃窗欣賞視野較為完整的風景，頂樓則是全開放式空間，能毫無阻隔地吹風遠眺，觀賞河水流動、夕陽西下、以及入夜後絢麗多彩的市景。展望台地板夜間會亮起一顆顆如星子般的光芒，漫步其中猶如置身銀河帶，如此浪漫，也難怪會被評選為「戀人の聖地」、「夜景100選」等。

「日本夕陽百選」之一的絕美夕色，可以遠眺明石海峽大橋西側

感動推薦的好吃摩登燒

7 お好み焼き きじ
Okonomiyaki Kiji

✉ 大阪市北區大淀中1-1-88 梅田藍天大廈B1 ☎ 06-6440-5970 ⏰ 11:30～21:30(週四、年末、新年期間公休) 💲 平均消費¥850 🚇 阪急、地下鐵「梅田」站步行10分，JR「大阪」站中央北口步行7分 Map P.124

加入豬肉、章魚塊等食材的美味摩登燒

　　位於梅田藍天大廈B1的梅田滝見小路，是一處有著濃濃懷舊風的食堂街，重現了大正、昭和時期的大阪街景，其中超人氣的店家，便是這間「きじ」，招牌餐點「摩登燒」，結合了御好燒與炒麵，於鐵板上炒麵後，淋上蛋汁煎，完全沒有使用麵粉，最後再淋上特製醬油，撒上海苔粉就大功告成。咬上一口，那煎得焦焦的外皮相當酥脆，有彈性的麵條與濃郁的醬汁完美地融合，至今仍讓我回味無窮，好想無限再訪！

飲食豆知識

大阪燒 vs 廣島燒

　　2種都是「隨你喜好添加食材」的「お好み焼き」(Okonomiyaki) 發展到各地的口味。大阪的「関西風お好み焼き」是將麵糊、高麗菜和配料拌勻後放卜鐵板鋪成圓形，兩面煎成金黃再塗上醬料；廣島的「広島風お好み焼き」是先煎麵糊，再層層加料不斷翻面煎，技巧與程序較複雜。

19:00 ～ 21:00

大阪百貨購物精華地帶

8 梅田
Umeda

　若說大阪南區的購物區是難波一帶，那麼北區最大的購物與商務中心，便是梅田周遭。身為大阪的交通樞紐，JR大阪站、阪急梅田站、阪神梅田站皆位於此，同時有3條地下鐵可以通往大阪各

區。不同於難波商店林立的感覺，梅田區內多的是百貨公司、購物中心。大阪車站與南北連接的2棟百貨大樓，組成OSAKA STATION CITY，南門大樓有大丸梅田百貨、大阪格蘭比亞酒店；北門大樓則有三越伊勢丹、LUCUA、電影院、辦公樓等。大阪車站南側是阪神百貨；阪急梅田站周圍有阪急百貨、HEP FIVE，大阪車站北側是Grand Front，地下則有Whity梅田、Diamor大阪等地下街，構成整區的繁華購物區。

OSAKA STATION CITY 南門大樓由大丸梅田百貨、大阪格蘭比亞酒店組成

JR大阪站北門大樓由三越伊勢丹、LUCUA、電影院、辦公樓等組成

以年輕女性為主打客群

LUCUA（ルクァ）

✉ 大阪市北區梅田3-1-3 ☎ 06-6151-1111 🕐 B2～9F商店10:30～20:30，B2地下美食街11:00～23:00，10F餐廳11:00～23:00 🚇 JR「大阪」站中央北口步行1分；地下鐵「梅田」站步行1分；阪急「梅田」站步行3分；阪神「梅田」站步行2分 🌐 www.lucua.jp 🗺 P.124

　位於OSAKA STATION CITY北門大樓內，除了原有的時尚大樓LUCUA，商品價格不高且兼具品質與流行性，另有隔壁的新館LUCUA 1100，以20～30歲的年輕女性為主打消費族群，商品獨特可愛，也集合了各大人氣甜點店、餐廳、雜貨小店等。

推薦喜歡日系雜貨的人來LUCUA 9F逛，LOFT、BIRTHDAY BAR的商品都很有特色

直接連結JR大阪車站的LUCUA 1100，與LUCUA有通道相通

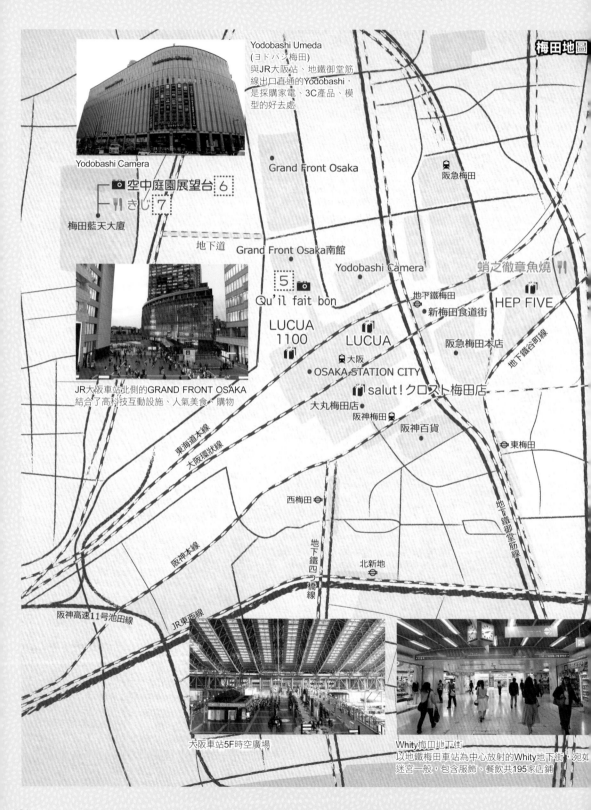

Yodobashi Umeda
(ヨドバシ梅田)
與JR大阪站、地鐵御堂筋
線出口直通的Yodobashi，
是採購家電、3C產品、模
型的好去處

Yodobashi Camera

📷 空中庭園展望台 6

🍴 きじ 7

梅田藍天大廈

Grand Front Osaka

阪急梅田

地下道

Grand Front Osaka南館

Yodobashi Camera

蛸之徹章魚燒 🍴

🎁 HEP FIVE

地下鐵梅田
新梅田食道街

5 📷

Qu'il fait bon

LUCUA
1100

LUCUA

阪急梅田本店

地下鐵谷町線

大阪
OSAKA STATION CITY

JR大阪車站北側的GRAND FRONT OSAKA
結合了高科技互動設施、人氣美食、購物

🎁 salut！クロスト梅田店

大丸梅田店

阪神梅田

阪神百貨

東梅田

東海道本線

大阪環狀線

地下鐵御堂筋線

西梅田

阪神本線

地下鐵四つ橋線

北新地

阪神高速11号池田線

JR東西線

大阪車站5F時空廣場

Whity梅田地下街
以地鐵梅田車站為中心放射的Whity地下街，宛如
迷宮一般，包含服飾、餐飲共195家店鋪

124

享受自己動手的樂趣

蛸之徹章魚燒 角田店
Takonotetsu

✉ 大阪市北區角田町1-10 📞 06-6314-0847 🕐 11:00～23:00(最後點餐22:30) 💲 ¥720 🚇 地下鐵「梅田」站出站向東步行約5分 🌐 takonotetsu.com 🗺 P.124

客人也可以自己DIY的章魚燒店，共有10多種配料可任意搭配，在店員協助將章魚、蔥花、麵糊放入鐵盤後，之後的翻轉便是考驗各位技術的時刻，無論結果長相如何，好好享受過程的樂趣吧！特別注意，DIY章魚燒，平日要在17:00以前來才有。

蛸之徹位於 HEP FIVE 對面的店鋪

或許是邁向章魚燒師傅的第一步？

饒富樂趣的 DIY 章魚燒，是聯絡感情的好地方

製作章魚燒 Step by Step

Step 1

店員協助放入章魚塊、蔥花、麵糊

Step 2

開始自己翻轉章魚燒

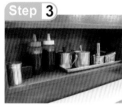

Step 3

自行 DIY 醬料

Step 4

完工，吃吃看自己做的章魚燒是什麼滋味？

大阪青少年的娛樂地

HEP FIVE（ヘップファイブ）

✉ 大阪市北區角田町5-15 📞 06-6313-0501 🕐 購物11:00～21:00，餐飲11:00～22:30，娛樂設施11:00～23:00(部分商店例外，摩天輪最後一班22:45) 🚇 地下鐵「梅田」站步行5分，阪急「梅田」站行3分，JR「大阪」站步行4分 🌐 www.hepfive.jp 🗺 P.124 ⁉ 摩天輪搭乘每次15分，最後一班為22:45，票價¥500，使用大阪周遊卡免費入場

遠遠看到那醒目的豔紅摩天輪便是HEP FIVE，1～6F有上百家服飾專賣店、雜貨，連平價雜貨3Coins也在此設櫃。想搭乘摩天輪可以直接到7F，摩天輪的特點是車廂裡可以接手機放音樂，一整個很貼近現代人的喜好。8、9F的JOYPOLIS

為SEGA開的室內電子遊樂場，有過山車等刺激的遊樂設施，讓人每個都想玩玩看，也可以在此租借COSPLAY衣服與朋友拍攝寫真留念！

HEP FIVE門口無比巨大的紅色大鯨魚

8、9F的JOYPOLIS，有許多可以增進感情並一同尖叫的遊樂設施

同場加映順遊

世界最大規模的海洋水族館之一

海遊館
Kaiyukan

✉ 大阪市中央區日本橋2-2-20 📞 06-6632-0433
🕙 10:00～20:00(最後入場19:00，因季節調整時間，1、2月有4天休館日) 💲 ¥2,700(大阪周遊卡海遊館折價¥100) 🚇 地下鐵「大阪港」站步行5分
🌐 www.kaiyukan.com 🗺 P.115

海遊館可是世界規模最大的水族館之一，在巨型水槽中可以觀賞各種海洋生物悠游於水中，雖說是室內的，但這裡的生物種類相當豐富，多達600種、3萬隻以上的海洋生物，縱使是逛半天也不嫌久！

太平洋區

海遊館的亮點——鯨鯊，看這世界上最大的魚類在水槽裡快速遊過，真的很有震撼力，此外也可以在此區看到魟魚及其他悠游其中的魚類們。

海底隧道

進入海遊館，可以從3樓入口處的海底隧道開始參觀。走在裡面，宛如置身海底一般，可以近距離看各種海底生物在水中徜徉。

翩翩起舞水母館

水母館可以說是最夢幻的一個館了，看著水母發出七彩螢光，好有療癒感！

北極圈

以冰雪呈現北極圈的生活，這裡可以近距離看到環斑海豹活動。

日本森林區

可以看到活潑的亞洲小爪水獺到處跑動，餵食時間一到，看水獺轉圈圈吃東西的模樣，真的超可愛。

阿留申群島區

棲息在寒帶的海獺　定要來看牠的餵食秀，帶著食物在水面上轉圈圈，也太萌了吧！

福克蘭群島區

開放式的空間還還原了跳岩企鵝棲息地福克蘭群島的礁岩地形，在這裡可以聽到跳岩企鵝的鳴叫聲喔！

大人小孩
HIGH翻天的遊樂王國

日本環球影城

ⓒ 依星期、季節變動，建議事先上官網查詢　http www.usj.co.jp　Map P.20、128

　　風靡全球的環球影城總是不斷推陳出新，除了原有侏儸紀、大白鯊、蜘蛛人、哈利波特的魔法世界等設施，每隔一段時間都會加入新的主題，喜歡刺激的人可以挑戰各種緊張的遊樂設施，小朋友也能和卡通人物互動。園內還有許多有趣的表演秀，無論大人小孩都可在此找到樂趣。

　　日本環球影城跟世界其他環球影城不同之處，便是每年會推出知名日本動漫主題展，如《航海王》、《名偵探柯南》、《死亡筆記本》、《七龍珠》等都曾展出過。影城裡面好看好玩的實在太多，建議花一天的時間停留才能盡興！

交通對策

到環球影城最快最方便的方式,是從大阪環狀線各站上車到「西九条」站,再換乘JR櫻島線(夢咲線),搭乘到「環球影城」站(ユニバーサルシティ)下車即可。

◎環球影城站地鐵串聯簡圖

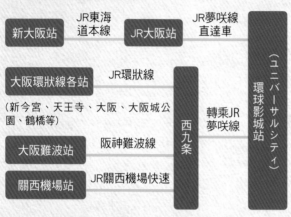

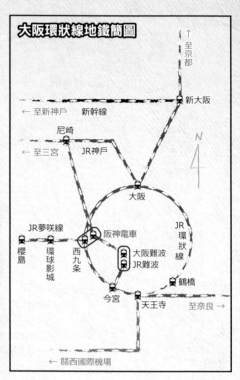

大阪環狀線地鐵簡圖

環球影城票券攻略

日本環球影城幾乎每天都遊客如織,週末假日、日本三連休人潮尤其多,建議避開這些日子,可減少排隊時間,但若真的只能這時候來,就在購買入場券時再多花點錢購買「Universal Express Pass」,幫自己節省時間。

「Express Pass」為快速通關票,有多種票券選擇,在該票券指定的遊樂設施中挑選想玩的幾樣設施,不需排隊就可從快速通關入口直接進入(不用排隊入場的設施與數量會依購買的Pass種類有所不同)。日本環球影城Express Pass票券常推出新方案,這裡介紹比較常用的2種基本款。

◎影城入場券(不同日期票價不同) (製表/飄兒)

天數價格 \ 年齡	大人 (12歲以上)	兒童 (4~11歲)	長者 (65歲以上)
1日券	¥8,091起 (含稅¥8,900起)	¥5,273起 (含稅¥5,800起)	¥7,273起 (含稅¥8,000起)
2日券	¥15,364起 (含稅¥16,900起)	¥10,000起 (含稅¥11,000起)	無

*以上為未稅價。資料時有異動,請以官方公布的最新資料為主
*請注意:環球影城根據人潮程度分類票價,不同日期票價會有不同

◎APP:www.usj.co.jp/app
◎下載APP可查看表演時間,及各項設施排隊等候時間

◎Universal Express Pass

票券名稱	價格與選項
Express Pass 4 標準版	¥10,727起(含稅¥11,800起) 1. 哈利波特禁忌之旅 2. 小小兵瘋狂乘車遊 3. 蜘蛛俠驚魂歷險記、侏儸紀公園(2擇1) 4. 大白鯊、浴火赤子情、魔鬼終結者(3擇1)
Express Pass 7 標準版	¥19,819起(含稅¥21,800起) 1. 哈利波特禁忌之旅 2. 鷹馬的飛行 3. 太空幻想列車 4. 蜘蛛俠驚魂歷險記 5. 好萊塢美夢、浴火赤子情(2擇1) 6. 侏儸紀公園、大白鯊(2擇1) 7. 魔鬼終結者

(製表/飄兒)

*請注意:根據官網規定,套餐組合會有所不同
*以上為未稅價。資料時有異動,請以官方公布的最新資料為主
*銷售地點:1.當日票:影城售票口、合作飯店(部分飯店僅針對入住者販售)
2.預售票:官網、合作旅行社(雄獅、東南、五福、燦星等)、日本Lawson

環球影城經典設施

主題 1

好萊塢區
好萊塢美夢 乘車遊
Hollywood Dream

驚嚇感滿分的好萊塢美夢，可以選擇自己喜歡的音樂，在音樂當中後退行駛，感受從背後摔落的刺激感。

主題 2

好萊塢區
太空幻想列車
Space Fantasy

搭上宇宙船遊歷在浩瀚無垠的宇宙中，我們要去拯救太陽囉！弊趟太空之旅，遊客會在土星、各個絕美的行星間不斷遨遊，整個宇宙場景如夢似幻。一個大甩尾下，宇宙船有驚無險地躲過了差點撞上的小行星群，而就在宇宙船撞上太陽，使太陽重現光芒的那一刻，那美麗讓人難忘。雖然這個設施帶有刺激的速度感，但美呆的宇宙星空會讓你覺得這趟充滿驚歎的太空探險不虛此行。

主題 3

侏儸紀公園
侏儸紀公園
Jurassic Park

來熱帶雨林探險吧！順著河流緩慢地穿越雨林，叢林裡盡是各種各樣的恐龍；但在安穩的旅程前面等著旅客的，是隻瘋狂的暴龍，就像電影情節般，如果不想被吃掉，跳瀑布是一定要的啊！此時，探險船從25.9公尺之高俯衝，大聲尖叫後，大家全身都濕透了！

恐龍驚喜奇遇表演

飛天翼手龍 The Flying Dinosaur

為紀念日本環球影城15週年，於2016年推出號稱「世界最長軌道」、「超過10層樓高低落差」的懸吊式雲霄飛車，玩家差不多是趴著身體懸空在空中盤旋，如同被翼手龍抓著般俯視，時而向下衝、時而旋轉，可說是刺激滿點！

主題 4　親善村
大白鯊
Jaws

　　大夥兒一起搭上遊覽船，在導覽員的解說下欣賞著湖景之時，食人鯊竟然從水中跳出來攻擊，陷入瘋狂狀態的導覽員開始使用長槍抵抗鯊魚，

迫使鯊魚沒入水中，原本激烈的湖面頓時變得寧靜，大家屏氣凝神，搜尋大白鯊的身影，深怕牠又再度出現撞翻了船，而最精采的結尾是大白鯊跳出來奮力一擊，加上大場面的爆炸畫面，真的相當有震撼力！

主題 5　紐約區
蜘蛛人驚魂歷險記
The Amazing Adventures of Spiderman

　　化身蜘蛛人飛簷走壁來去拯救世界吧！在4K3D的畫面下，成為蜘蛛人，享受在高樓大廈間擺盪的刺激感，在逼真畫面之外，聲光音效搭配溫熱的火焰及噴濺的水花，帶來無比真實的體驗。

季節限定活動：環球驚喜萬聖節

　　每年9月上旬～11月初的萬聖節限定活動，是影城中好評不斷的超人氣首選，有年年更新升級的「萬聖節限定恐怖遊樂設施」，不妨進入挑戰一下自己的膽量。戶外的部分，分別有早上的嘉年華遊行，氣氛總是歡樂無比，以及晚上的環球影城殭屍區，將有大批殭屍突襲，你準備好迎戰神出鬼沒的殭屍了嗎？

更多季節限定活動

　　各個季節都有許多限定活動，無論來玩幾次都有驚喜！以下為熱門推薦：
春季：「Universal Cool Japan」系列活動
夏季：清涼的環球夏日祭典
冬季：聖誕節活動

超級任天堂世界
SUPER NINTENDO WORLD

以任天堂旗下經典電玩「瑪利歐賽車」為主題的全新園區，把電玩世界搬到現實世界，走進水管裡，就可以看到星星金幣、壞蘑菇、烏龜、庫巴。與其他園區最大的不同是能透過互動手環，化身瑪利歐兄弟，開始闖關敲問號、磚塊、吃金幣。

Ⓐ 主題遊樂設施

瑪利歐賽車～庫巴的挑戰書～

戴上AR眼鏡搭乘瑪利歐卡丁賽車，朝庫巴家族丟烏龜殼。

耀西冒險

乘坐型設施。坐在耀西背上，尋找過程中藏在各處的3顆蛋，同時還可以從長棒山所處的高處眺望整個蘑菇王國。

小遊戲區

一定要買能量手環，可以和日本環球影城官方的App連動，透過敲磚、集金幣、玩遍園區遊戲，還能確認自己的排行榜、收集的金幣與圖章數量。

五大闖關遊戲分別是：「轉動吧！栗寶寶・轉轉搖桿」、「瞄準吧！慢慢龜・POW磚塊擊打」、「停止吧！吞食花・警報恐慌」、「對齊吧！咚咚・翻轉板」、「收集吧！炸彈兵・零散拼圖」，只要挑戰成功3個，就可以前往最終決戰，擊退庫巴Jr.，奪回金色蘑菇！

Ⓑ 瑪利歐必買必吃

Shop 1 1UP 工廠

販售各式瑪利歐周邊商品，從帽子、吊飾、玩偶、T恤到抱枕都有。

Shop 2 奇諾比奧咖啡店

奇諾比奧化身為廚師為大家烹飪有著瑪利歐兄弟造型的美味餐點，超級蘑菇披薩碗、蘑菇濃湯、耀西義大利麵、磚塊提拉米蘇都是推薦餐點喔！

遊玩鐵則

可事先購買Express Pass確保入場，或是在環球影城開門前便來排隊，一入園就進入APP抽整理券確保入場，不然現場排隊要花很長時間且很可能進不了喔！

哈利波特魔法世界園區
WIZARDING WORLD HARRY POTTER

活米村

① ② ③ ④ ⑤ ⑥

① 還記得電影第二集，榮恩載著哈利波特衝進樹林裡墜毀的那輛飛車嗎？

② 所有需要的魔法器材、巫師長袍，都可以在自作聰明魔法裝備買到

③ 海格在哈利·波特13歲生日送的禮物，會忽然間呲牙咧嘴朝大家咬過來！

④ 巧克力娃

⑤ 三根掃帚餐廳，如果在外頭餐車買不到奶油啤酒，也可以進餐廳喝

⑥ 熱賣的柏蒂全口味豆(Bertie-botts-bean)的蜂蜜公爵

主題遊樂設施

No.1 超過癮 禁忌之旅

　　最新的哈利波特禁忌之旅不用戴3D眼鏡，就可以享受比以前更寬闊的視野，以及更鮮明、逼真的影像。跟著哈利波特坐著飛天掃帚，經歷一場刺激的魔法冒險，電影中每個經典畫面都非常清楚，如追捕金探子、抵禦催狂魔及飛龍的攻擊等，魔法也很真實，玩完後讓人直呼過癮，再玩3次都願意！

禁忌之旅位於霍格華茲城堡內，裡頭的活動肖像畫走廊、鄧不利多的辦公室都很有看頭

No.2 鷹馬的飛行

哈利波特魔法世界內第二項遊樂設施,有著鷹馬外型的雲霄飛車,但其實不會很刺激,純粹可以從高處欣賞霍格華茲城堡,如果排隊時間過久可考慮跳過,多花些時間探索活米村商店。

🅑 電影商品禮品店

Shop 1 費爾奇沒收品百貨店

從禁忌之旅出來後,出口便是「費爾奇沒收品百貨店」,在這裡可以找到學校管理員飛七從學生手中沒收的各式違反校規寶物。百貨店是魔法世界紀念品的購物天堂,劫盜地圖、分類帽、馬克杯應有盡有,在禁忌之旅拍的照片也是在這裡購買。

戴上分類帽,不知道會被分到哪個學院呢?

Shop 2 奧利凡德商店

應該超多人抵擋不住誘惑就是想買根魔法杖!魔法杖做得很精緻,輕輕一揮還會發光,一整個很有當魔法師的fu。

NEW!
購買互動式魔杖可在園區內多處揮舞魔杖施展魔法!

🅒 必喝飲品

超熱賣 奶油啤酒

在魔法世界中極度流行的奶油啤酒,在現實世界的園區裡當然也是最熱賣的產品!只有分為一般奶油啤酒和「Frozen」版(不含酒精的啤酒),「Frozen」版上方還有一層奶泡,有著甜鹹的滋味,搭配下層的冰沙,是夏天的消暑好飲品。若是冬天來玩,喝了暖暖的熱奶油啤酒之後身體就會變得暖呼呼。

行家推薦

忠實的哈利波特迷,可以選擇有含souvenir的選項,就可以把啤酒杯帶回家喔!

🅓 電影場景

超經典 霍格華茲特急火車

每集電影開頭,主角一行人總會來到倫敦火車站,搭乘霍格華茲火車前往學校。而在園區裡,遊客可以和這列火車合照,後方也有火車內場景可以拍照,只是這部分就要額外收費。

小小兵廣場
MINION PLAZA

因動畫電影《神偷奶爸》而紅的超萌小小兵加入日本環球影城囉！讓人期待的小小兵遊行、充滿歡樂的小小兵狙擊手，還有販售充滿黃色生物商品的「小小兵流行商店」，一起來享受小小兵無厘頭的歡樂吧！

A 主題遊樂設施

小小兵 瘋狂乘車遊

以怪盜格魯的宅邸兼研究室為背景，遊客們化身為想要進入「神偷奶爸：格魯」實驗室的小小兵，搭上格魯發明的飛車，變身小小兵四處狂奔，搭載著巨大的半球型螢幕放映著劇情，臨場感與彈跳感十足，整個遊戲過程既有趣又瘋狂。

B 小小兵禮品店

Shop 1 甜蜜俘虜

喜愛甜點的小小兵們必訪的樂趣商店，各式小小兵造型、有趣的糖果餅乾都可以在這裡找到。

Shop 2 流行商店

能幹的小小兵對樣式也十分講究。請務必在此取得他們所提案的最新時尚道具。

Shop 3 狙擊手

三姊妹最喜歡的反坦克火箭炮遊戲。

C 小小兵造型小吃

Shop 1 小吃攤販

販售各式小小兵造型饅頭、糰子等點心，每次來，小小兵的穿著還會不斷換新喔！

Shop 2 Delicious Me! The Cookie Kitchen

小小兵熱愛甜又好吃的食物，他們發明了餅乾製造機，在這裡可以買到特色小小兵夾心餅乾等甜點，而且會依照季節而有不同的限定口味呢！

Shop 3 POP-A-NANA

園區內最夯的小小兵爆米花桶就在這裡購買，口味當然要選擇小小兵最愛的巧克力香蕉囉！

D 小小兵見面會

園區內會有真人小小兵出來跟大家玩，每次出場的造型也都不一樣，這裡也是園區最High的一個地方。

Route 9

神戶，日洋文化並存的時髦城市

北野異人館 · 三宮 · 元町 · 神戶港

　　從明治時期對外開放而發展成日本著名國際港口城市的神戶，保留了許多西洋風味的建築，也因此讓人第一眼就覺得它帶有一股西式風情。從充滿異國街景的北野開始，一路來到商業中心的三宮、元町一帶，在這裡可以購物、欣賞神戶派的流行時尚、大啖特有的甜點美食。傍晚來到濱海區，在海風吹拂下欣賞神戶港開闊的夜景，在感受異國風情時，也別忘品嘗口感絕佳的美味神戶牛。

Start

09:30 ~ 11:10

1 北野異人館

20分鐘

City Loop至「三宮站前」，步行5分

11:30 ~ 12:30

2 モーリヤ本店

2分鐘

沿IKUTA ROAD往生田神社方向步行2分

12:32 ~ 14:30

3 三宮

4分鐘

沿IKUTA ROAD往南步行4分

14:34 ~ 15:30

4 西村珈琲元町店

1分鐘

往元町方向(西邊)步行1分至元町商店街

15:31 ~ 17:20

5 元町・舊居留地・ 南京町

於「元町商店街(南京町前)」搭City Loop
至「臨海樂園(馬賽克前)」下車

10分鐘

17:30 ~ 18:30

6 FISHERMAN'S MARKET

2分鐘

Goal

7 神戶港

18:32 ~ 20:00

一日花費 小 Tips

午餐	8,400
晚餐	2,844
下午茶	800
CITY LOOP 一日券	700
Total	12,799

※ 以上幣值以日圓計算

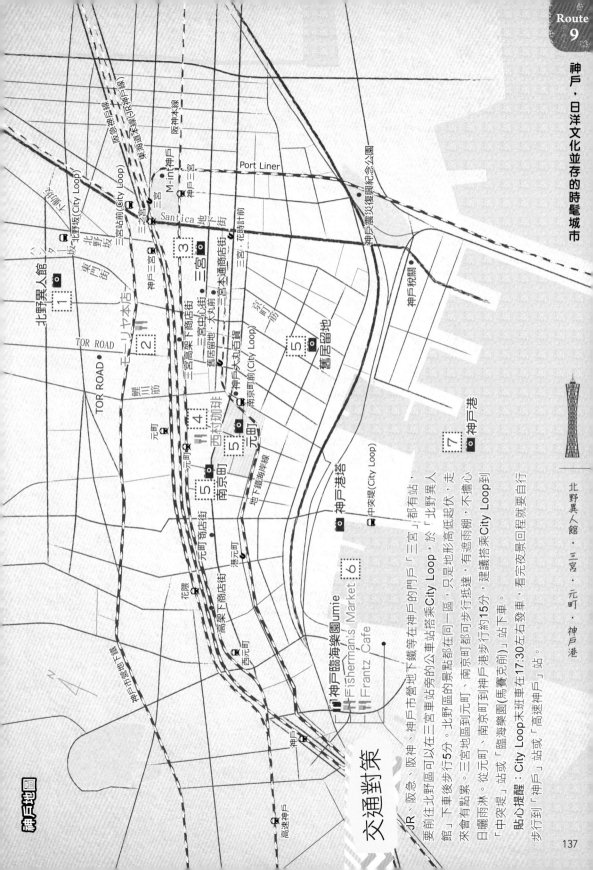

神戶，日洋文化並存的時髦城市

北野異人館・三宮・元町・神戶港

神戶地圖

交通對策

JR、阪急、阪神、神戶市營地下鐵等在三宮旁的公車站都有站，要前往北野區可以往三宮或神戶的門戶「三宮」都有站，於「北野異人館」下車後步行5分。北野區的景點都在同一區，只是地形高低起伏，走來會有點累。三宮地區到元町、南京町都可步行抵達，有遮雨棚、不擔心日曬雨淋。從元町、南京町到神戶港步行約15分，建議搭乘City Loop到「中突堤」站或「臨海樂園(馬賽克前)」站下車。

貼心提醒：City Loop末班車在17:30左右發車，看完夜景回程就要自行步行到「神戶」站或「高速神戶」站。

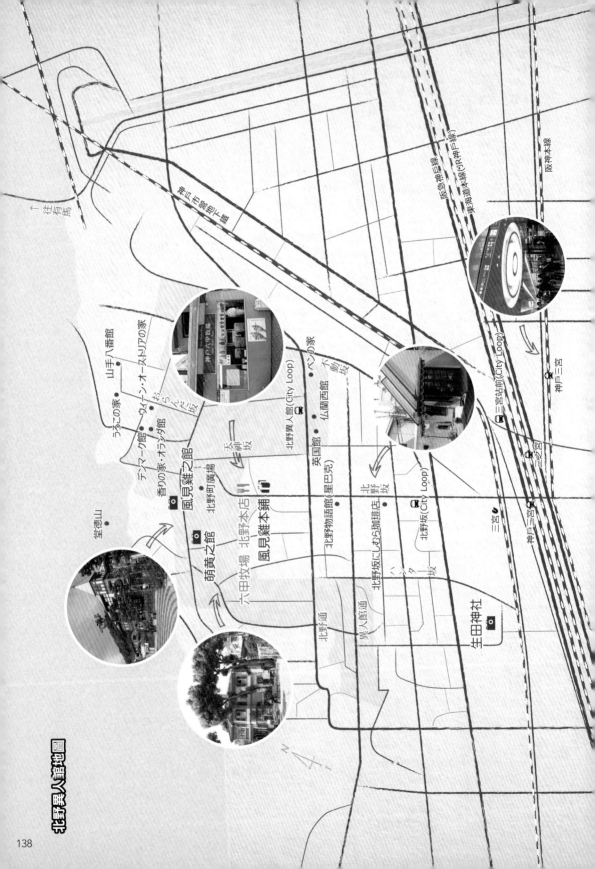

北野異人館地図

Start 09:30～11:10

體驗舊時異邦人居留地的風光

1 北野異人館
Kitano Ijinkan

🚃 JR「三之宮」站步行15分，City Loop「北野異人館」下車步行5分 🌐 www.kobeijinkan.com 🗺 P.137、138

遊玩鐵則

北野異人館中較具代表性的展示館有風見雞館、萌黃之館、魚鱗之家、芬芳之家荷蘭館等，若時間較趕，建議就參觀風見雞館與萌黃之館。此外，購買「共通券」比單買入館券更划算喔！

來到神戶，推薦一定要到異國風情十足的「北野異人館街」逛逛！散落山坡的西式建築，每一棟風格各異，沿著山坡漫步，好似來到歐洲一般。這裡在明治時期曾經是外國人聚集的地方，異國風建築也一棟棟興建了起來，當時最多曾有200多棟外國人宅邸。現在來到北野，還有20多棟開放參觀，建議停留半天在此區走走，逛逛商店、喝喝咖啡，體驗專屬於此的北野風情。

北野異人館街上那顯眼的綠白相間建築，原建於1907年，為美國人住宅，在阪神大地震後改建為北野物語館，如今是星巴克門市。何不在復古氛圍濃厚的歷史建築中享受一杯咖啡？(Map P.138)

被植物攀滿的紅磚建築，透出幾分神祕感。有著與其建築外觀相襯的歷史，昭和23年開業的にしむら珈啡店，可是日本首家賣黑咖啡的咖啡店，在神戶也相當有名(Map P.138)

感受百年德式住宅風華

風見雞之館
Kazamidori no Yakata

✉ 神戶市中央區北野町3-13-3 ☎ 078-242-3223
🕐 09:00～18:00(2、6月的第1個週二公休，逢假日則翌日休) 💲 成人¥500，含萌黃之館的「2館券」¥650
🌐 www.kobe-kazamidori.com/kazamidori 🗺 P.138

風見雞之館在北野異人館街各館中極具代表性，紅色的磚砌外牆、聳立在屋頂上的風見雞，都是有別於他館的必看點，更因為日本NHK連續劇《風見雞》在此拍攝而聲名大噪。這棟建築是1909年德國貿易商托馬斯(Gottfried Thomas)的住宅，無論建築外觀、館內裝潢布置，都保留德國傳統建築風格。為國家重要文化財，現在宅內展有昔日主人生活史料。

著鮮艷磚瓦外牆的風見雞館，是北野町重要的地標之一

中世紀裝飾風格的飯廳相當值得一看

風見雞館呈現德國傳統建築風格

大樹環繞的淡綠老屋

萌黃之館
Moegi no Yakata

✉ 神戶市中央區北野町3-10-11 ☎ 078-222-3310
🕐 09:30〜18:00(2月的第3個週三、四公休) 💲 ¥400
http www.kobeijinkan.com/ijinkan_list/moegi Map P.138

有著淡雅綠色外觀的萌黃之館建於1903年，前身為舊美國領事夏普(Hunter Sharp)的宅邸，為一兩層樓的木構建築，需換穿室內拖鞋才能入內。其外觀特色在於兩層樓有2種不同形式的凸窗，有著蔓藤花紋圖案、阿拉伯式風格的台階也別具特色。室內尤其特別值得參觀，每個房間的壁爐台都描繪著不同的花紋，可看出設計者的用心，從2F開放式陽台可眺望神戶街景，景致優美。

萌黃之館淡淡的綠色外觀，看來相當寧靜雅緻

建築的凸窗設計

2F陽台的光影之美，此處也是眺望北野的好地點

無法拒絕的牛奶冰淇淋

六甲牧場 北野本店
Rokko Bokujyo

✉ 神戶市中央區北野町3-11-4 ☎ 078-252-0440 🕐 09:00
〜18:00 💲 ¥500 🚃 JR「三之宮」站步行15分，City Loop
「北野異人館」下車步行5分 http www.rokkobokujyo.com
f rokkobokujyo ⊙ rokkobokujyo Map P.138

曾被新聞票選日本排名第一的冰淇淋，六甲牧場本店位在風見雞館附近。冰淇淋的口感綿密滑順，使用自家牧場的新鮮牛奶製作，吃來有著香濃的奶香味，口味有原味、巧克力、抹茶等。買一支坐在風見雞館前的北野町廣場，邊吃著濃醇的冰淇淋，邊欣賞北野風情，感覺超棒。

六甲牧場的冰淇淋是北野異人館必吃冰品

北野採購伴手禮的好去處

風見雞本舖
Kazamidori no Yakata

✉ 神戶市中央區北野町3-5-5 ☎ 078-231-7656 🕐
10:00〜22:00(依季節調整可能到19:00) 🚃 JR「三之宮」站步行15分，City Loop「北野異人館」下車步行15分 http www.kazamidori.co.jp Map P.138

產品種類相當豐富，起司蛋糕、布丁人氣都很旺，如果不確定要買什麼，店員都會提供試吃，方便選擇。布丁有雞蛋、鮮奶、杏仁和巧克力等口味，口感綿密，原味還帶有著蛋香呢！起司蛋糕飄散出濃濃起司香，細密但不甜膩，讓人不自覺上癮。

北野店限定的烤起司派

神戶，日洋文化並存的時髦城市

品嘗傳說中的美味

2 モーリヤ 本店
Mouriya

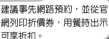

遊玩鐵則

建議事先網路預約，並從官網列印折價券，用餐時出示可享折扣。

📧 神戶市中央區下山手通2-1-17 📞 078-391-4603
🕐 午餐11:00～15:00，晚餐15:00～22:00(最後點餐21:00，不定休) 💲 Mouriya嚴選牛套餐¥8,400起，神戶牛套餐¥6,400起 🚃 阪急「三宮」站西出口步行3分，JR「三之宮」站西出口步行5分 🌐 www.mouriya.co.jp 🗺 Map P.137

　　神戶牛為兵庫縣內「但馬牛」中，品質達優良肉質標準的世界頂級牛肉，能吃上一塊如此珍貴的牛肉，當真幸福無比！

　　モーリヤ是神戶許多人推薦的神戶牛排西餐廳，從1885年營業至今，始終堅持品質，每塊牛肉都是精挑細選。來到環境舒適的本店，不妨選擇吧檯座位，可以欣賞大廚的手藝。師傅都頗為健談，生牛肉上桌時，還會鼓勵並主動幫客人拍照，用餐氣氛歡愉。

點餐訣竅

　　牛肉選擇有分為較平價的嚴選但馬牛，和高級的神戶牛，神戶牛部分只販售日本和牛中最高級的A5、A4兩等級，依部位有肋眼、沙朗可做選擇。喜歡偏油且嫩中帶點咬勁可以選擇肋眼，偏愛入口即化口感的，當然要選沙朗。

A5的沙朗牛排，看那均勻分布的油花，紋路宛如大理石般美麗

牛肉套餐附有湯品、沙拉、飲料、主食等，也有幾樣鐵板蔬菜，不怕吃不飽

牛肉建議原味享用，也可沾蒜片、海鹽、胡椒、芥末等調味料(沾芥末也意外地好吃)

吧檯座位數量不多，如果能坐在吧檯區，可以近距離觀賞師傅的手藝

鐵板上的牛排煎的焦香，入口即化的鮮嫩感，真是視、聽、嗅、味覺的多重享受

飲食豆知識

神戶牛

　　日本原本在早期佛教傳入後是禁食牛肉的，但在神戶對外開港通商之後，因西方人發現但馬牛種的日本產黑毛和牛肉質優良，甘甜鮮嫩，才逐漸興起吃牛肉的風氣。神戶牛與松阪牛、近江牛並稱日本三大和牛，出產地、肉質、生長環境等都有嚴格標準。

北野異人館・三宮・元町・神戶港

神戶逛街好去處

3 三宮
Sannomiya

🚃 JR「三之宮」站，阪急、阪神、神戶市營地下鐵、港灣人工島線「三宮」站 Map P.137、142

　　三宮可說是神戶的中心地帶，也是各大交通線的樞紐站。從三宮車站一出來，百貨公司、大型商店街、餐廳等林立，車站附近的三宮中心街、三宮地下街、M-int神戶、神戶SOGO百貨、三宮OPA等形成繁榮的商業中心，想買化妝品、品牌服飾、精品、美食，來這裡都能有所收獲，而JR高架橋下從三宮一路往元町的高架橋商店街及中間的TOR ROAD，都是很有特色的逛街好去處。

風格小店林立

TOR ROAD（トアロード）

✉ 神戶市中央區中山手通 🚃 JR「元町」站東口步行2分，JR「三宮」站西口步行5分，阪急「神戶三宮」站西口步行5分 http www.torroad.jp Map P.137、142

　　曾是外國人通勤要道的TOR ROAD，南端就位在元町站與三宮站高架間，一路往北延伸至北野異人館一帶，兩旁散布著許多獨具風格、有質感的小型雜貨店、咖啡館、服飾店，有些風格小店更隱身巷弄中。

　　貼心提醒：整段TOR ROAD相當長，且無遮蔽物，建議挑選其中有興趣的一段逛。

Unico販賣各式和風、獨創設計的家具品牌

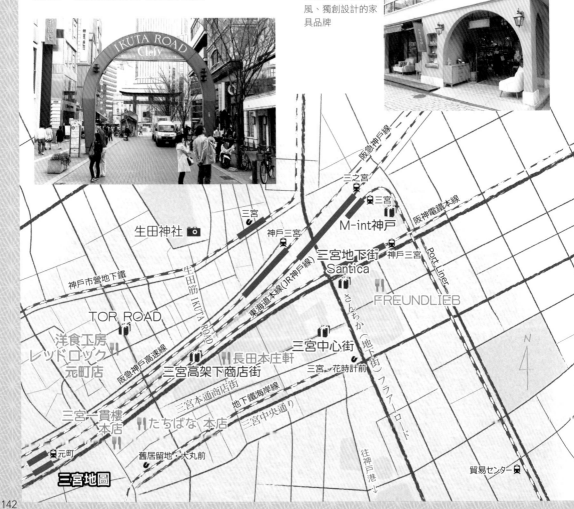

生田神社 📷　神戶三宮　三之宮　三宮　阪神電鐵本線　M-int神戶

神戶市營地下鐵　生田筋　東海道本線(JR神戶線)　三宮地下街 Santica　神戶三宮　Port Liner

TOR ROAD　三宮中心街　FREUNDLIEB

洋食工房 レッドロック 元町店　阪急神戶高速線　三宮高架下商店街　長田本庄軒　三宮・花時計前　さんちか（地下街）　フラワーロード

三宮一貫樓 本店　たちばな 本店　三宮本通商店街　地下鐵海岸線　三宮中央通り

元町　舊居留地・大丸前　往神戶港　貿易センター

三宮地圖

神戶最大商店街

三宮中心街
Sannomiya Center Gai

✉ 神戶市中央區三宮町 🚃 JR「三之宮」站步行約3分
http www.kobe-sc.jp Map P.137、142

從三宮車站西南的花壇路一路往西接到元町商店街，這條長達550米的街道便是神戶最大的商店街，三宮中心街，也是神戶年輕人的聚集地。拱頂的商店街裡有著知名甜點店、咖啡廳、流行服飾店等，是不錯的購物之地。

神戶明石燒名店

たちばな 本店
Tachibana

✉ 神戶市中央區三宮町3-9-4 📞 078-331-0572 🕐 11:00
～18:30 🚃 地下鐵「舊居留地・大丸前」站步行2分，阪神、JR「元町」站步行5分 Map P.142

位在三宮中心街裡的明石燒專賣店，使用的是產自明石附近，瀨戶內海的章魚。與章魚燒做法相似，由於在麵糊裡加入大量的蛋汁燒烤，使得外皮吃來不僅軟嫩還有濃郁的蛋香。店裡附有辣味、甘味沾醬，亦提供恩木可以加入高湯食用，泡入高湯的明石燒，蛋皮更加柔軟好吃。

明石燒沾上甘味醬後泡進高湯裡吃，結合了高湯與濃郁的蛋味，燙口卻柔軟好吃

滿足各種需求的綜合性商場

M-int 神戶（ミント神戶）
M-int Kobe

✉ 神戶市中央區雲井通7-1-1 📞 078-265-3700 🕐 11:00
～21:00(7、8F餐廳至23:00，部分店舖時間有異，不定休) 🚃 JR「三之宮」站、港灣人工島線「三宮」站下車出口即是 http www.mint-kobe.jp Map P.137、142

位在三宮站前方的極佳位置，M-int神戶這家綜合性商場匯集了流行服飾、家居擺設商品、美食、電影院等，整個商場營造出流行感十足的氣氛。B1總是擠滿了在此採購新鮮當令食材的在地人，6F有西日本最多試聽機的唱片行Tower Records，9～12F則有超大型電影院，滿足各種購物、娛樂需求。

M-int神戶每層都有特別設計過，流露出與其他商場不同的感覺，連商品看起來都時尚有質感

便利性十足的地下商場

三宮地下街 (Santica)

✉ 神戸市中央區三宮町1-10-1 📞 078-391-3965
🕐 10:00～20:00(餐廳最後點餐21:00，每月第3個週三
公休) 🚃 各線「三宮」站下車即到 🌐 www.santica.com
🗺 P.137、142

位於三宮站下方的三宮地下街非常大，從服飾
店、雜貨、甜點伴手禮等都有，共分9區，想找美
食便到味ののれん街、8番街或10番街，神戶人氣
甜品伴手禮就到7番街，不僅交通方便，也不怕風
吹日曬。

匯集各大神戶知名伴手禮的7番街

讓人忍不住想咬一口的美
味泡芙(BEARD PAPA'S)

神戶牛肉丼名店

洋食工房 レッドロック
元町店
Red Rock Motomachi

✉ 神戸市中央區北長狹通3-3-5 泰隆ビル2階 📞 078-
331-6018 🕐 11:30～21:30 🚃 阪神、JR「元町」站步
行2分 🗺 P.140

喜歡日本牛肉丼的旅人不要錯過這間神戶名
店，因為日本黃金傳說介紹過而大紅，肉分量爆
多、且肉質很讚。推薦必點「黑毛和牛牛排丼(黑
毛和牛ステーキ丼)」，肉的分量真的超多，愛牛
愛肉的吃起來超過癮。經過燒烤的黑毛和牛搭上
醬汁真的非常美味，牛排的口感當真嫩嫩嫩！

薄片的生牛肉香嫩可口，並會配上店家特製的醬汁和半熟蛋

黑毛和牛牛排丼(黑毛和牛ステーキ丼)

知名肉包店

三宮一貫樓 本店
Sannomiya Ikkanrou

✉ 神戶市中央區三宮町3-9-9 ☎ 078-331-1974 ⏰ 10:30～21:00(最後點餐20:30，週一、四公休) 🚇 地下鐵「舊居留地‧大丸前」站步行2分，阪神、JR「元町」站步行5分 http www.ikkanrou.co.jp Map P.142

極受神戶人歡迎的肉包店，內餡使用國產豬肉與嚴選洋蔥製作，並加入黑胡椒調味，洋蔥的甜味與肉的鹹味搭配得很棒，麵皮口感則是鬆鬆軟軟。可以買了在旁邊的站台沾芥末吃，同時還能看師傅在透明櫥窗內製作肉包。

熱騰騰的豬肉包(豚まん)

神戶人愛吃的德式麵包店

FREUNDLIEB(フロインドリーブ)
そごう神戶店

✉ 神戶市中央區小野柄通8-1-8 神戶阪急B1 ☎ 078-221-4181 ⏰ 10:00～20:00(公休日依照神戶阪急百貨) 🚇 各線「三宮」站步行3分 http freundlieb.jp Map P.142

在開港後有許多外國人居住的神戶，也有著許多德式、法式麵包店，而有著悠久歷史的Freundlieb，便是在一戰期間被俘虜並深根神戶的德國人開設的麵包店，店名便取自第一代老闆的姓氏Freundlieb。除了可以在由教堂禮拜堂改裝的咖啡廳本店用餐，近三宮站的SOGO神戶店B1也可以買到他們的麵包。

FREUNDLIEB的芝麻麵包有著芝麻香氣，吃來酥脆美味

著名的戀愛求姻緣神社

生田神社
Ikuta Jinja

生田神社的第二鳥居

✉ 神戶市中央區下山手通1丁目2-1 ☎ 078-321-3851 ⏰ 08:00～18:00(依季節關門時間不同) 🚇 JR「三之宮」站、阪急、阪神、神戶市營地下鐵「三宮」步行10分 http ikutajinja.or.jp Map P.138、142

在熱鬧的神戶市區隱藏了一間寧靜的神社，有著1,800年以上歷史的生田神社，可是神戶有名的戀愛求姻緣神社呢！境內販售有戀愛御守、愛心繪馬，想祈求良緣、告別單身、孕婦祈求安產等，都可以前來。除了戀愛結緣外，也有許多信眾前來祈求健康長壽、除厄開運及生意興隆。境內樹木都有百年以上的樹齡，參拜後不妨在這個鬧區中的小小森林散步一下。

樓門

為戀愛加持的心型繪馬

可以締結良緣的水占卜「戀愛水籤」

啜飲神戶好咖啡

4 西村珈琲(にしむら珈琲店)
元町店
Nishimura Coffee

✉ 神戶市中央區元町通2-6-3 ☎ 078-393-1480 ⏰ 09:00
～22:00 🚇 JR、阪神「元町」站往南步行3分
🌐 www.kobe-nishimura.jp 🗺 P.137

　　1948年創立的西村珈琲店，至今近70年仍屹立不
搖，便是因店家對於咖啡品質的堅持，除了好喝的
咖啡，西村珈琲店在神戶的分店無論在外觀或裝潢
都別具特色。而位於繁忙的元町商店街的元町分
店，店內呈現一貫的復古風格，木質家具、昏黃的
燈光、牆上掛著油畫、雕刻等藝術品，營造出不一
樣的氛圍，很適合做為一日旅途中小憩的場所。

位於元町商店街內西
村珈琲店店面

有著復古室內裝潢的
西村珈琲元町店，是
聊天享用下午茶的好
地方

單品咖啡特別能喝出咖啡豆的好

文化大熔爐

5 元町・舊居留地
南京町
Motomachi・Kyukyoryuchi
Nankinmachi

🚇 JR、阪神「元町」站 🗺 P.137、147

　　與三宮僅差一站的元町，也
是個繁華的購物區，除了有令
人食指大動的甜點店、餐廳，
神戶系流行時尚都在這一帶。
而現在的舊居留地，也就是過去日
本開放港口而建立的洋人據點，雖然在二戰神戶空
襲及阪神地震後，許多舊建築不復存在，但當時依
照歐洲城市設計的街道景觀規模仍在，仍可從中感
受昔日通商貿易的繁榮痕跡。洋人居留地旁的南京
町，是許多華人及其他國家僑民的家，這一帶發展
成中華街，是尋找日式中華美食的好地方。

神戶逛街勝地

元町商店街
Motomachi Shotengai

✉ 神戶市中央區元町通3-13-1 ☎ 078-391-0831
⏰ 依店鋪而異 🚇 JR、阪神「元町」站往南步行3分
🌐 kobe-motomachi.or.jp 🗺 P.137、147

　　說到日本的逛街勝地，東京是銀座、大阪有心
齋橋，而神戶就要來元町商店街啦！從神戶大丸
百貨對面開始到西元町站，這條長達1.2公里的拱
廊街道，是相當有歷史的商店街(於1874年誕生，
至今已有140年以上的歷史，為「神戶原有的市
町」而命名為元町)，300間老舖
與新店聚集於此，各式極具
神戶派的流行物品，從服
裝、雜貨、室內裝飾，到
甜點、美食等一應俱全。

本高紗屋師傅正在製作招牌的紅豆餅

神戶，日洋文化並存的時髦城市

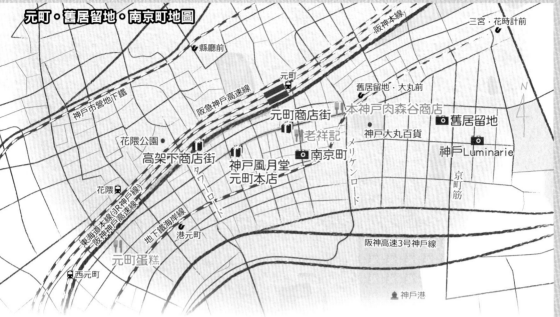

元町・舊居留地・南京町地圖

地圖標示（由地圖中讀取）：
- 三宮・花時計前
- 阪神本線
- 縣廳前
- 元町
- 舊居留地・大丸前
- 神戶市營地下鐵
- 阪急神戶高速線
- 元町商店街
- 本神戶肉森谷商店
- 舊居留地
- 花隈公園
- 老祥記
- 神戶大丸百貨
- 神戶Luminarie
- 高架下商店街
- 神戶風月堂 元町本店
- 南京町
- メリケンロード
- 京町筋
- 花隈
- 東海道本線(JR神戶線)・阪神神戶高速線
- タワーロード
- 地下鐵海岸線
- 港元町
- 阪神高速3号神戶線
- 元町蛋糕
- 西元町
- 神戶港

北野異人館・三宮・元町・神戶港

百年洋菓子店

神戶風月堂 元町本店
Kobe Fugetsudo

✉ 神戶市中央區元町通3-3-10 ☎ 078-321-5598 🕐
10:00〜18:00，餐廳11:00〜18:00(最後點餐17:30，週
一公休) 🚆 JR、阪神「元町」站往南步行3分
🌐 www.kobe-fugetsudo.co.jp 🗺 P.147

神戶的洋菓子名店「神戶風月堂」，創立於
1897年，將法式點心結合和菓了，創作出許多極
具特色的美味甜點。最有名的明星商品莫過於法
蘭酥，極薄的兩片圓形煎餅，中間夾了一層奶
油，輕輕咬下，那薄脆的餅乾口感，奶油吃來細
膩滑順，帶有淺淺的香氣，草莓、巧克力、香草3
種口味都各有風味。而極有收藏價值的鐵盒版包
裝，上頭有著神戶六景，描繪了極具代表性的建
築物，是伴手禮的最佳選擇。

櫻花季還有出限定的櫻花法蘭酥

人氣No.1 可樂餅

本神戶肉森谷商店
Hon Kobe Meat Moriya Shoten

✉ 神戶市中央區元町通1-7-2 ☎ 078-391-4129 🕐
09:00〜19:00。熟食平日10:30〜18:30，假日10:00〜
19:00 🚆 JR、阪神「元町」站東口步行1分
🌐 www.moriya-kobe.co.jp 🗺 P.147

位在神戶大丸百貨斜對面的本神戶肉森谷商
店，從明治6年(西元1873年)就開始營業了，從肉
舖店一路經營到成為日本皇室御用肉品商，人氣
之高可見一斑。旅客雖然不能買生肉回去，但可
以嘗嘗店裡的好吃炸物！曾接受過日本各大媒體
採訪的可樂餅(コロッケ)是招牌炸物，脆口的麵
衣，包裹著很有味的馬鈴薯與洋蔥肉末，也難怪
排隊人潮這麼多！

可樂餅(コロッケ)和
炸肉排(ミンチカツ)
都是招牌必吃

招牌さくろ

甜點控 嗨翻

元町蛋糕
（元町ケーキ）**本店**
Motomachi Keki

✉ 神戶市中央區元町通5-5-1 ☎ 078-341-6983 ⏰
10:00～18:30(週三、四公休) 🚉 JR「元町」站西口步
行7分，神戶高速鉄道「西元町」站2號出口步行3分 🌐
motomachicake.com 🗺 P.147

....

　　神戶元町一帶有名的蛋糕店，位在元町商店街
5丁目的巷子裡，招牌的ざくろ，在海綿蛋糕上擠
上鮮奶油、放一顆大草莓點綴，鮮奶油吃來輕甜
不膩口，讓人有幸福的感覺！

-- -

善用空間的市井小天地

高架下商店街

✉ 元町高架下商店街(神戶市中央區元町高架通)，三宮
高架下商店街(神戶市中央區北長狹通) ⏰ 依店鋪而異
🚉 JR「三之宮」站、「元町」站出站即是 🌐 三宮高架
下商店街www.piazza-kobe.com 🗺 P.137、147

....

　　由三宮站一路延伸至神戶站的JR高架鐵路下，
有許多有別於百貨商場的小店；由阪急、三宮站
西口至元町站東口之間的高架路下的商店街稱為
「Piazza KOBE」（ピアザKOBE），也就是「三
宮高架下商店街」，這裡有許多鞋店、服飾店可

以逛；元町站至神戶站的高架下商店街則稱為
「Motoko Town」(モトコータウン)，也就是「元
町高架下商店街」，1番街至7番街長約1公里，環
境比起一般明亮的百貨公司略嫌暗了些，但有許
多便宜服飾、古著、異國風情店、唱片店、復古
玩具店可以掏寶。

元町高架下商店街的高人氣鞋店

高架下商店街上方電車經過

元町高架下商店街3番街

高架下有許多玩具店

148

神戶，日洋文化並存的時髦城市

適合悠閒散策

舊居留地
Kyukyoryuchi

JR、阪神「元町」站往南步行5分，地鐵「舊居留地•大丸前」站下車即 Map P.137、147

時間回到西元1858年，日本在列強壓力下，與美國首先簽訂了「日美修好通商條約」，並對外開放了5個港口，神戶港是其中之一，當時為了避免衝突設置的外國人居留地，便是現在的舊居留地。這個地區仍保留當時的歐式建築，各大知名精品、高級品牌服飾散布其中，在街上漫步，仍能感受到一股西洋異國氛圍。

大丸百貨店內人潮

歐式古典建築風格的大丸百貨，也是舊居留地中極有代表性的建築

大丸百貨頂樓的花園也是眺望神戶市景的好地方

居留地棋盤式的街道，古典風格的建築，兩旁開著知名精品店，充滿了歐洲風情

活力十足的中華街

南京町
Nankinmachi

神戶市中央區元町通&榮町通1～2 078-332-2896 依店鋪而異 JR、阪神「元町」站往南步行約2分鐘，阪急「神戶三宮」站步行約10分 www.nankinmachi.or.jp Map P.137、147

從元町商店街往南走幾步路，便可看到一條掛滿紅燈籠的街道，各式的中式建築、華文看板座落街上，店員彼此用華語快速交談著，剎那間還以為自己來到了中國呢！整條南京街並不長，但匯集了100多家中式餐廳和店鋪，有包子、刈包、麻婆豆腐、港式餐飲等中華料理，每到華人節慶，還能看到舞龍舞獅的歡騰場面，是個熱鬧的旅遊景點。

南京町與橫濱中華街、長崎新地中華街並列為日本三大中華街

南京町的甜、鹹包子令人無法拒絕

南京町廣場中間有個六角涼亭，周圍則是十二生肖石像環繞，此處人潮眾多，都是在排廣場對面人氣店家老祥記

北野異人館•三宮•元町•神戶港

日銷萬顆人氣肉包

老祥記
Roushouki

📧 神戶市中央區元町通2-1-14
📞 078-331-7714 ⏰ 10:00～18:30(賣完休息，
週一公休) 💲 1顆¥100(至少點3顆) 🚇 JR「元町」站步
行5分 http roushouki.com Map P.147

可以內用。說是豚饅頭，其實非常類似台灣的小籠包，使用天然酵母發酵的包子皮，相當厚實有彈性，並吸收了內餡的肉汁，很有味道，從日銷量破萬，就可知其高人氣，每過中午時分及假日排隊人潮更是誇張，建議一開門就來買。

南京町有名的豚饅頭店，是1915年由一位天津華僑所創，因充滿道地家鄉味而極受歡迎，這裡的豚饅頭一次要購買3顆，每顆¥90，可以外帶也

多汁有味的豚饅頭，沾黃芥末味道不錯

祈福之光

神戶 Luminarie
（神戶ルミナリエ）
Kobe Luminarie

📧 神戶市中央區加納町6丁目一帶 📞 078-303-0038(辦事處) ⏰ 17:00～21:30(平日時間；週末時間不同，建議事先上官網查詢) 🚇 各線「三宮」站步行5分
http www.kobe-luminarie.jp Map P.147

神戶舊居留地與東遊樂園周邊街道，在冬季12月時都會有數以萬計的燈飾裝點，這就是為期約莫10天的「神戶Luminarie光之祭典」。

光之祭典是為了替1995年阪神大地震罹難者祈福而舉辦的活動，至今已20餘年，每年的光之藝術雕刻主題都不同，若於冬季前往神戶，千萬不要錯過這難得一見的夢幻美景。

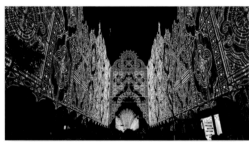

阪神大地震後，為了追悼阪神震災的罹難者，每年12月初～12月中，從舊居留地到東遊園地間，會有數以萬計的燈飾點亮成一條華麗的光之迴廊，美得令人讚嘆。

17:30 ～ 18:30

豐富多樣的海鮮料理

6 FISHERMAN'S MARKET

🏠 神戶市中央區東川崎町1-6-1umieモザイク2F 📞 078-360-3695 🕐 11:00～22:00 💲 吃到飽平均消費¥1,999～2,899 🚃 JR「神戶」站步行10分 🗺 P.137

來到MOSAIC購物商場欣賞神戶絕美夜景時，很難不看到一旁玻璃窗內一群正在大啖松葉蟹與鱈場蟹的遊客，超愛海鮮加上西式料理的話，當然一定要來這家吃到飽享受一番。

超過90種世界各國餐點(不定期換菜單，大多為歐式、日式料理)，特別是有各式海鮮料理，從漁夫海鮮義大利麵、奶油鮭魚、白酒蒸鮮貝、鮮蝦披薩、涼拌章魚沙拉等，讓人直呼過癮。窗邊座位可一覽港灣，集滿足與浪漫於一身。

室內有著美式海港風，且座位相當寬敞，窗外便是神戶港灣美景

相當超值的松葉蟹吃到飽，吃來新鮮美味，不小心就吃了3盤啦！

近100種世界各國美食無限享用

18:32 ～ 20:00

欣賞浪漫夜景好去處

7 神戶港 Kobe Bay Area

🚃 JR「神戶」站步行10分 🗺 P.137

如果說，到神戶市區只能去一個地方，那就來神戶港吧！傍晚時分，從地標神戶港塔出發，在海風的吹拂下一邊散步，一邊欣賞日落美景，待夕陽逐漸隱沒天際，港邊的燈光亮起，水中倒映的美麗燈光效果令人醉心。無論是美利堅公園看往神戶臨海樂園umie馬賽克館，那摩天輪、購物中心與「神戶郵輪之旅協奏曲號CONCERTO」的璀璨夜景，或是從神戶臨海樂園umie馬賽克館的海之廣場看向神戶港塔的燈海夜景都相當迷人。除了夜景外，麵包超人博物館、購物中心等都足以讓你度過一個充實又浪漫的夜晚。

Goal

從神戶臨海樂園umie馬賽克館「海之廣場」遠望神戶港塔、神戶大倉飯店以及神戶海洋博物館、中突堤中央乘船站的夜景

從美利堅公園看往神戶臨海樂園umie馬賽克館的美景

神戶港好去處

神戶港塔
Kobe Port Tower

外紅內白的鐵塔美女

港都神戶的地標神戶港塔，其設計優美宛如纖腰美人，被譽為「鐵塔美女」。其實，其外型的構想來自日本鼓這個樂器，色彩內白外紅，白天顯眼的紅色凸顯了日本鼓的特徵，到了夜晚7,000多個LED燈亮起，為神戶的夜晚增添許多浪漫氣氛。登覽5層樓的燈塔，可以望盡神戶港口、市中心，還有北方六甲群山的風采。

✉ 神戶市中央區波止場町5-5 ☎ 078-391-6751 🕐 3～11月09:00～21:00(最後入場20:30)，12～2月09:00～19:00(最後入場18:30)。12/31為09:00～16:30，1/1有元旦日出展望06:30～16:30 💲 成人¥700，小、中學生¥300 🚃 JR、阪神「元町」站&阪急「花隈」站步行15分。地鐵海岸線「港元町」站步行5分 🔗 www.kobe-port-tower.com 🗺 P.137

神戶臨海樂園umie
Kobe Harborland umie

神戶港旁的購物商場

神戶海灣區這座臨海的大型商場，是由umie MOSAIC、umie SOUTH MOSAIC及umie NORTH MOSAIC三棟建築組成，進駐了許多服飾店、首飾店、雜貨店。面海的umie MOSAIC為露天購物街，除了逛逛小舖，前方的海之廣場是欣賞神戶港的好地方，也有許多濱海餐廳。SOUTH MOSAIC及NORTH MOSAIC是室內商場，想找熱門的流行品牌來這就對了。

✉ 神戶市中央區東川崎町1-7-2 ☎ 078-382-7100 🕐 商店10:00～20:00，餐廳11:00～22:00(依各棟樓有所不同) 🚃 JR「神戶」站步行10分，神戶高速線「高速神戶」站步行10分 🔗 umie.jp 🗺 P.137

Frantz Cafe(フランツカフェ)umie モザイク店
Frantz Cafe umie Mosaic

「魔法の壺布丁」魅力十足

神戶的代表性甜點店「神戶Frantz」，紅色搭配黑色的時髦設計相當好認，大人氣的「魔法の壺布丁」，也是日本的網購熱門商品，用有質感的陶壺罐盛裝著布丁，不知道搖一搖罐子會不會有精靈跑出來？而布丁從上層鮮奶油、中層卡士達醬吃到底層的焦糖，層層不同的絕妙口感，讓人驚呼好吃！到「神戶Frantz」經營的咖啡廳內用，還能欣賞到美麗的港景呦！

✉ 神戶市中央區東川崎町1-6-1 umieモザイク2F ☎ 078-360-0007 🕐 10:00～21:00 🚃 JR「神戶」站步行10分 🔗 www.frantz.jp 🗺 P.137

亮眼的鮮紅包裝，印上黑色的船錨圖樣，便是Frantz的經典圖樣

綿密的上層鮮奶油、滑順帶有雞蛋味的中層卡士達醬、苦甜參半的底層焦糖，帶來層層不同的驚奇口感

MOSAIC露天的購物街，街上許多特色雜貨小鋪可以逛

店內用餐區

超長跨海大橋

明石海峽大橋
Akashi Kaikyō Ōhashi

✉ 神戶市垂水區東舞子町4-114 ☎ 078-784-3339 🚇 JR
「舞子」站或山陽電鐵「舞子公園」站步行10分 ❓ 舞
子海上散步道是架設在明石海峽大橋橋墩上的迴遊式散
步道，需要門票，展望台為散步道的一部分。費用平日
¥250，六、日及假日¥300。詳情可查hyogo-maikopark.
jp/facility/f01/#ad-image-0

從舞子公園欣賞壯觀的明石大橋與孫文紀念館

明石海峽大橋是位於日本本州與淡路島之間，橫越
了明石海峽的公路大橋，聯繫著兵庫縣神戶市與淡路
市的跨海交通。遊客可以在舞子公園周圍散步，從公
園欣賞遠方的淡路島以及瀨戶內海風光，同時眺望明
石大橋。或是到公園內的舞子海上散步道，登上展望
台，從高處眺望舞子公園，舞子海上散步道還有一段
鑲嵌著玻璃的地板，可以體驗站在高處俯瞰腳下海面
的刺激感。

從神戶方向看去，明石海峽大橋末端即是淡路島

日本三大夜景之一

摩耶山
Mayasan

✉ 神戶市灘區摩耶山町2-2 掬星台 ☎ 078-861-2998 🕐
纜車依季節變動營業時間，並可能因維修而停駛，建議
出發前先上官網查詢。週二公休(夏季無休) 🚌 從各線的
「三宮」站搭乘市營巴士18號在「摩耶纜車下」下車(約
25分)，步行上階梯搭乘「摩耶電纜車」到「虹之站」，
接「摩耶空中纜車」到「星之站」出站沿「摩耶★閃亮
小徑」步行 🌐 koberope.jp

到摩耶山的大眾交通工具，摩耶電纜車「虹之站」搭乘處

神戶摩耶山與北海道函館山、長崎稻佐山並列日本
三大夜景，站在山頂附近的掬星台，可以一次望盡大
阪灣全景到神戶之間的壯闊視野。山上開闊無遮蔽
物，所以有時候還是挺冷的，建議多帶件外套防寒。
欣賞夜景最佳時機是日落後，但每個季節時間略有不
同，可以事先上網查詢日落時間。

　貼心提醒：摩耶山夜景開放時間僅夏天的平日及週
末，建議出發前先上官網查詢開放時間，並要注意纜
車的營業時間，確保在末班車前下山。

摩耶山夜景

Route 10

靜享奈良
悠然慢時光

奈良公園 · 春日大社 · 奈良町

一般説到奈良，大家都會想到在奈良公園餵鹿的可愛場景，縱使現實場景可能是一群飢腸轆轆的鹿兒追著人搶鹿仙貝的逗趣場面。除了鹿兒外，大多數的人可能會納悶，還有什麼好玩？其實，這座日本最古老的千年古都，有許多值得一看的神社、寺院與自然美景，例如位於山林中的春日大社，氛圍靜謐，會讓人不想離開；漫步在歷史悠久的奈良町古樸老街中，每轉過一個街角，又是一棟百年木造屋，默默看盡古都的昔與今……來到奈良，請放慢腳步，好好享受專屬於此的悠哉。

Route 10 行程 Plan　靜享奈良悠然慢時光

Start

09:30 ~ 11:00　1 春日大社

15分鐘

於「春日大社本殿」站牌搭乘70、97號公車於「東大寺大佛殿」下車，往冰室神社方向步行5分

11:15 ~ 12:30　2 志津香釜飯

3分鐘

沿登大路往東大寺方向步行3分

12:33 ~ 13:30　3 奈良公園

7分鐘

沿東大寺指標步行7分

13:37 ~ 15:00　4 東大寺

8分鐘

於「東大寺大仏殿・春日大社前」搭2號、6號公車到「田中町」下車，步行2分到格子的家

15:08 ~ 16:30　5 奈良町

2分鐘

一路逛奈良町到猿澤池，於三条通左轉即可看到

16:32 ~ 16:40　6 中谷堂

旁邊商店街第一間餐廳即是

16:40 ~ 17:00　7 麵鬪庵

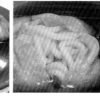

5分鐘

步行回近鐵奈良站

Goal　8 大佛布丁

17:05 ~ 17:30

一日花費 小 Tips		
春日大社正殿前特別參拜		500
午餐（未稅）		1,150
東大寺		500
點心		1,340
奈良斑鳩一日券		1,650
Total		5,140

※ 以上幣值以日圓計算

交通對策

Q：如何前往奈良？

A 大阪或京都出發往奈良，都有JR或近鐵兩種選擇(見旅遊工具箱P.173)。

Q：交通票券怎麼買比較划算？

A 首先，如體力允許，可徒步慢慢探索千年古都的街坊巷弄，但若有小孩老人同行，會建議搭配來回於各景點的公車漫遊。若當天會在奈良搭乘2次以上的公車，或是從出發地的京都、大阪會搭乘2次以上的地下鐵，那麼購買「奈良斑鳩一日券」會比較划算(票券介紹見P.27)，不然在搭乘近鐵及奈良公車時，直接購買單次票即可。

交通Tips

第一站的春日大社建議直接搭乘公車前往，近鐵奈良站前5號出口或JR奈良站東出口2皆可搭乘公車「2、6、72、160」號到「春日大社表參道」下車步行7分，或是「70、97」至「春日大社本殿」下車。後續行程的志津香釜飯、奈良公園、東大寺間距離很近，步行即可到達，但從春日大社、東大寺及奈良町間路程較遠，建議搭乘公車前往。

奈良地圖

1,300年歷史的世界遺產

1 春日大社
Kasuga Taisha

✉ 奈良市春日野町160 ☎ 0742-22-7788 🕐 4～9月06:00～18:00，10～3月06:30～17:00，本殿08:30～16:00，夫妻大國社09:00～16:30 💲 境內免費參觀，正殿前特別參拜¥500，國寶殿¥500 🚌 JR奈良站、近鐵奈良站搭乘巴士，「春日大社本殿」下車即是，或搭市內循環、外循環線在「春日大社表參道」下車，步行10分 🌐 www.kasugataisha.or.jp 🗺 P.156

據傳建於和銅2年(西元710年)的春日大社，是奈良平城京的守護神社，更是奈良平安時期最有影響力的家族藤原氏的守護神社。相傳武甕槌命，也就是藤原氏的守護神，當時是騎著白鹿來到奈良，鹿也因此成了神的使者。

春日大社偌大的森林腹地將塵囂阻隔在外，沿著石子路前進，林中只有靜謐兩字可以形容，來自民間捐贈的石燈籠佇立兩旁，為這段路增添了幾許古意。如果時間、體力夠的話，建議一定要

整個春日大社境內，共有兩千多個石燈籠

從若草山走到春日大社，這段路上除了森林，還有鹿、隱祕的小茶屋、古色古香的商店街，寧靜美麗，不若奈良公園一帶的喧囂人潮。

祈福萬燈籠

另一處知名必訪處，便是迴廊間一排排吊著的銅製燈籠，每年2月「節分萬燈籠」及8月「中元萬燈籠」是從800年前延續至今的活動，神社裡含石燈籠在內將近3千座燈，會同時點上溫暖的光，代表著以火獻神，祈求消災，燈火溫柔了夜晚寂靜的神社，給人一種夢幻的氣氛。

古意盎然的銅製燈籠

來到春日大社，不妨買個可愛的木製鹿御神籤回家收藏

境內其他景點

位於春日大社境內「若宮十五社」之一的夫妻大國社，是祈求夫妻感情和睦的神社

位於夫妻大國社附近的赤乳白乳神社，是祈求婦女病痊癒的神社，赤乳保佑腰部以下，白乳保佑腰部以上

享受鍋飯的多層次口感

2 志津香釜飯公園店
Shizuka

✉ 奈良市登大路町59-11 📞 0742-27-8030 🕐 11:00～15:00(週二公休) 💲 ¥2,500起(已含稅) 🚉 近鐵「奈良」站步行15分，巴士「氷室神社・国立博物館」站旁 http www.kamameshi-shizuka.jp Map P.156

　　奈良排隊名店，每到用餐時間，一定要有排上1小時的心理準備。除了日本遊客外，也相當受外國遊客歡迎，因此菜單上有多種語言，減少點餐溝通上的問題。

　　餐點特色是現點現做的釜飯，剛上桌的白米飯香Q濕潤，軟硬適中，食用第一口後，將木蓋蓋回飯鍋上，讓飯繼續在鍋中悶成鍋巴，再將蓋子掀開，享用鍋壁邊的飯焦，最後吃底層美味的鍋巴飯，米飯由香Q轉為焦脆的多層口感讓人印象深刻。白飯上的菜色是使用最少的調味，保留了鮮活原味，吃來相對清淡舒爽。主餐根據需求可搭配不同套餐，豐富的S餐附有餐前小菜、鹹菜、水果等，最陽春的A套餐則搭配了紅醬湯、鹹菜等。

招牌的「七種釜めし」包含蝦子、蟹肉、燒鰻、雞肉、牛蒡、紅蘿蔔、筍子、香菇、豌豆等7道食材

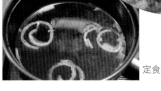

定食附的味噌湯(赤出し)

飲食豆知識

美味釜飯怎麼來？

　　釜飯(かまめし)是日本式的傳統鍋飯，美味的關鍵在白飯的彈性與香味，及品嘗逐漸轉為鍋巴過程中，米飯不同的口感。為了達到又香又Q，釜飯都是採取現點現做，米飯中加入高湯，昆布等，烹煮過程中需不斷注意時間與火侯，待米飯完成，再鋪上新鮮食材，便是一道美味的釜飯。

靜享奈良悠然慢時光

12:33 ～ 13:30

和野生鹿親密接觸

3 奈良公園
Nara Koen

✉ 奈良市雜司町・春日野町 ☎ 0742-22-0375 ⏰ 09:00
～17:00 🚇 近鐵「奈良」站步行5分，JR「奈良」站步
行15分 Map P.156

　　占地廣大的奈良公園，是奈良極具魅力的一
處，可愛的野生鹿群在此自在活動，遊客可在附
近攤販購買鹿煎餅餵食，因此常見貪吃的小鹿猛
追著手上有鹿煎餅的遊客的逗趣畫面。

　　奈良公園的景點很多，要完整逛完至少也要1天
的時間，遊客不妨挑選境內著名的觀光景點如東
大寺、春日大社、興福寺等世界遺產參觀；時間
允許，可以登上東大寺旁的階梯來到二月堂，由
此鳥瞰奈良公園景色；喜歡親近大自然的話，則
不要錯過二月堂繼續往春日大社路上的若草山，
日劇《鹿男異想世界》裡男女主角並肩欣賞奈良
夕陽絕景的場景，便是取景於此。

　　貼心提醒：公園各處皆有牌子警告偶會發生小
鹿踢人、衝撞、咬人、頂人的暴走情形，所以在
跟鹿玩的時候還是要小心！

奈良公園裡的鹿群數量超過1,000隻，有鹿角的是公鹿

為了食物，鹿群會把你追到底

日本第二高古塔

興福寺
Kohfukuji

✉ 奈良市登大路町48 ☎ 0742-22-7755 ⏰ 09:00～
17:00 💲 國寶館¥700，國寶館＋東金堂聯票¥900 🚇 近
鐵「奈良」站步行5分 http www.kohfukuji.com Map P.156

　　奈良公園內的著名景
點，也是顯眼的地標。
被指定為國寶的五重
塔，可以在外頭拍照，
感受日本第二高古塔的
壯觀。國寶館展示了興
福寺流傳下來的佛教文
物，還可看到受日本人
喜愛且為國寶的古戰神
阿修羅像。

50.8公尺高的五重塔，近看可
看出奈良時代的建築特徵，從
猿澤池欣賞水面上的五重塔倒
影，更是著名的奈良八景之一

景色美麗宜人

猿澤池
Sarusawaike

✉ 奈良市登大路町猿沢49 ☎ 0742-22-0375 🚇 近鐵
「奈良」站步行5分 http www.kohfukuji.com Map P.156

　　走到奈良公園很難忽略這個美麗的地方，位於
興福寺對面的放生池——猿澤池，有著柳蔭覆蓋的
步道，是適合午後悠閒散步的地方。看那平靜的池
水倒映著周圍的綠茵、地標五重塔、遠山美景，池
中時而可見悠游的鯉魚和曬太陽的烏龜，池畔的人
行步道常有情侶在此約會，寫生或拍照的人在此取
景。這裡是日劇《鹿男異想世界》中，小川老師第
一次到奈良的取景地點之一。

猿澤池有著一股寧靜之美，讓人忍不住多按了幾下快門

奈良公園・春日大社・奈良町

另一世界最大木造建築

4 東大寺
Todaiji

✉奈良市雑司町406-1 ☎ 0742-22-5511 ⏰ 08:00～17:00(依季節會有變動) 💲 ¥600 🚍 奈良公車「大佛殿・春日大社前」步行5分 🔗 www.todaiji.or.jp 🗺 P.156

說到奈良的特色，除了鹿之外，便是東大寺的大佛像了！建於西元728年的東大寺是日本華嚴宗大本山，又稱「大華嚴寺」，聖武天皇當時在日本建了許多分寺，而東大寺則是全國國分寺的總寺院，因位在平城京的東方而稱東大寺。

南大門

東大寺是華嚴宗大本山，氣勢十足的南大門牌匾上便寫著大華嚴寺，大門內的的雙體金剛力士像也不可錯過。

大佛殿

一走到大佛殿前便可感受到其壯觀的氣勢，東大寺大佛殿可是世界上最大的木造建築，除了建築本身，殿前的八角燈籠及圍著紅布的木雕也值得一看。創寺至今的八角燈籠被列為國寶，而木雕則是江戶時代製作的賓頭盧尊者，據說只要身體哪裡不舒服，摸尊者木雕對應的部位便能治癒，來到大佛殿不妨來試試功效。

大佛殿

盧舍那佛像

大佛殿安置的大佛像——盧舍那佛像(釋迦牟尼的法身)，身高15公尺，是世界最大的青銅佛像。由於東大寺曾多次受火災、地震損毀，大佛也是受損多次而重建，因此身上的各部位是在不同時期建成，觀賞時不妨留意細看。歷史最悠久的是大佛的膝蓋，有1千多年，而頭部則是300年前完成的。

奈良大佛

大佛鼻孔

位於大佛後方的巨大木柱，下方有個長方形洞口，好似盧舍那佛像的鼻孔，又被稱作「大佛鼻孔」，據說只要順利爬過去，便能保平安，因此四周總是圍滿了想挑戰的遊客。

静享奈良悠然慢時光

古樸日式舊時街町

5 奈良町
Naramachi

✉ 奈良市中院町21(奈良町情報館) ☎ 0742-26-8610(奈良町情報館) 🚌 奈良巴士於「福智院町」或「田中町」下車步行7分,近鐵「奈良」站步行13分
🌐 www.naramachiinfo.jp Map P.156

從奈良公園旁的猿澤池往南走,位於元興寺周圍有一區極具魅力的古樸老街,兩旁坐落了許多上百年歷史的傳統木造房子,行走其間彷彿回到江戶、明治時期的日本一般。

這塊以元興寺舊址境為中心的地區又稱為「奈良町」,在奈良時代是當時京城之外京,縱使遷都京都,此區仍以寺廟為中心發展,到了江戶時期才漸漸變為熱鬧的商業街道,至今仍保留了當時的建築風格。喜歡老街古風的人,不妨保留半天走走奈良町,逛逛舊時的蚊帳店、藥鋪,欣賞町家建築,感受屬於奈良的古意氛圍。

奈良町保留了許多町家老屋,散步其中特別能感受此區老街的歷史風貌

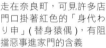

走在奈良町,可見許多店門口掛著紅色的「身代わり申」(替身猿偶),有阻擋惡事進家門的含義

遊逛奈良老街

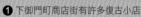

❶ 下御門町商店街有許多復古小店
❷ 從猿澤池旁這條「今御門商店街」進入奈良町,商店街上有許多百年老舖可以逛
❸ 創業於1921年的吉田蚊帳所販售的抹布,質感柔細舒適,是奈良町的人氣伴手禮之一。奈良曾經是生產蚊帳的重鎮,蚊帳兼具吸水性和穿透的美感。在蚊帳使用量漸低的現代,店家漸漸轉型販售使用蚊帳布料製作的暖簾、圍巾等製品。
❹ 寄賣奈良在地手創達人作品的町家

奈良公園・春日大社・奈良町

▶▶▶ 奈良町～穿越時空，感受歷史記憶

元興寺
Gangoji

奈良七大寺院之一

現存的元興寺並不是很大，但在15世紀前，整個元興寺的範圍幾乎包含了現在大部分的奈良町，但因為受到火災的摧毀，現在只剩下塔跡、極樂坊。

建於8世紀後半的元興寺，原本是奈良飛鳥地區的法興寺（飛鳥寺），是日本最古老的佛教寺院，隨著遷都平城京後移居至此，改名為元興寺。必看重點是被列為國寶的極樂坊，其本堂「極樂堂」是由僧房改建的，屋瓦已超過1,300年歷史。

✉ 奈良市中院町11 ☎ 0742-23-1377 🕐 09:00～17:00(最後入場16:30) 💲 ¥500 🚌 奈良巴士於「福智院町」或「田中町」下車步行7分，近鐵「奈良」站步行15分 🌐 gangoji-tera.or.jp 🗺 P.162

豆知識

極樂堂
從極樂堂的建築與屋瓦可看出受到百濟（朝鮮）影響，而不同顏色的瓦片代表著不同時代，赤褐色及黑色是飛鳥時代（歷史最久），白色系是奈良時代，灰色是昭和時代。

元興寺入口。如欲參觀，請依箭頭指示繳費

奈良町地圖

やすらぎの道
近鐵奈良站
興福寺
三条通り
もちいどのセンター街
平宗 奈良店
ならまち大通り
元興寺
福智院町巴士站
奈良町物語館
春鹿
ならまち格子の家
田中町巴士站
N

ならまち格子の家
Naramachi Koshi no Ie

免費開放參觀的傳統町家

　　每當經過傳統町家房子時，總會不自覺被房子的古老氛圍吸引，停下來多拍幾張照片，這時也會好希望能再深入認識。免費開放參觀的奈良町格子之家，提供了這個機會，遊客可以進入這棟由昔日商人住家改建的老房子，一窺奈良傳統町家內部。

　　從外觀看會有「這棟建築還真小」的感覺。其實典型的町家建築是採立面窄、長度深的設計，起因於江戶時代房子開始住商共用，但房子的課稅卻是以立面寬度計算，所以人民便將房子建成縱長形。

　　來到格子之家，別忘了跟櫃檯拿一張室內地圖(有中文版)，面對門面的第一間房是店鋪，接著是中室(中の間)、內室(奧の間)、廚房、庭園(通り庭)、附屬房間(離れ)、倉庫(藏)等完整的町家格局，透過當時人民在收納、採光上的生活智慧，一窺昔日奈良人的生活方式。

✉ 奈良市元興寺町44 ☎ 0742-23-4820 🕐 09:00～17:00(週一、假日隔天和年末公休) 💲 免費參觀 🚌 奈良巴士於「田中町」下車步行2分，近鐵「奈良」站步行15分 🗺 P.162

町家的格子從室外看不見屋中狀況，但屋內隔著格子街道上的一切都是清清楚楚

庭園(大天井)是欣賞四季美景的好地方

春鹿
Harushika

小酌一杯清香清酒

　　來奈良除了感受古都風華、與可愛的鹿群玩外，也不要錯過在這個日本清酒發源地品嘗日本酒。於明治17年(1884年)便開始釀造清酒的「春鹿釀造元」，其名源自於春日大社與奈良神使的鹿，代代為春日大社釀造白貴神酒，其清酒現已是出口10多國家的名酒。

　　來到「春鹿釀造元」，只需要花￥500便可品嘗包含高人氣「春鹿超辛口純米酒」在內的5種美酒，並搭配著下酒開胃的奈良漬，品酒後還可以把小鹿圖案的玻璃杯帶回家當紀念品。推薦對日本酒有興趣的朋友一定要來一趟。

✉ 奈良市福智院町24-1 ☎ 0742-23-2255 🕐 10:00～17:00(年終、年初公休) 🚌 奈良巴士於「福智院町」下車步行1分，近鐵「奈良」站步行15分 🌐 www.harushika.com 🗺 P.162

「春鹿超辛口純米酒」出口10多個國家深受歡迎

春夏限定的「春鹿純米吟釀」，喝來清爽鮮甜

與奈良女子大學合作，將奈良市花的酵母從花瓣分離製作出的「奈良八重櫻」

限量版的「しろみき純米大吟釀」

奈良町物語館
Naramachi Monogatari Kan

老屋新用

　　已有百年歷史的町家建築，雖然奈良居民已不再居住於此類傳統房屋，但為了保存在地傳統建築，經過修復再利用後，現為奈良町的交流中心，館內經常有不同的良物產、手作雜貨展示販售，免費開放參觀，不妨進來逛逛，體驗當時居民的生活樣貌，感受老房子的魅力風情。

🖂 奈良市中新屋町2-1 ☎ 0742-26-3476 ⏰ 10:00～17:00(日本御盆節、日本新年假期休館) 💲 免費參觀 🚌 奈良巴士於「福智院町」下車步行5分，近鐵「奈良」站步行15分 🌐 narashikanko.or.jp/spot/tourism/naramachimonogatarikan 🗺 P.162

奈良町是元興寺的舊境，圖中為翻修奈良町物語館時發現的元興寺內殿的基石

平宗 奈良店
Hiraso

符合現代人講求天然的需求

　　創業於西元1861年江戶時代末期的平宗，至今已超過150年歷史，販售奈良及和歌山特有的鄉土風味料理「柿葉壽司」。這種柿葉壽司源於江戶時代，當時人們開始將不易保存的魚片以鹽醃漬，並以有殺菌防腐效果的柿子葉包覆。在柿葉的作用下，壽司可以在常溫下保存數日，柿葉也可食用，只是一般不會拿來吃。

🖂 奈良市今御門町30-1 ☎ 0742-22-0866 ⏰ 10:00～20:30(最後點餐20:00，週一公休) 🚇 近鐵「奈良」站步行10分 🌐 www.kakinoha.co.jp 🗺 P.162

以柿葉包裹的鯖魚壽司，帶有鹽漬過的鹹味，並散發出柿葉特有的清香

16:32 ～ 16:40

純手工製作麻糬

6 中谷堂
Nakatanidou

🖂 奈良市橋本町29 ☎ 0742-23-0141 ⏰ 10:00～19:00(賣完收攤，不定休) 🚇 近鐵「奈良」站2號出口步行6分 🌐 www.nakatanidou.jp 🗺 P.156

　　曾經上過電視冠軍的中谷堂麻糬，以其超高速捶搗麻糬(よもぎ餅)的速度讓人印象深刻，不僅名聲響亮，吃過的都說讚。加入艾草呈現綠色的麻糬皮，一咬下便鬆化的口感，粒粒大顆的紅豆內餡，都是中谷堂麻糬的美味關鍵。

店裡每日下午不定時間，會如電視冠軍節目中上演激動的搗麻糬，來試試運氣是否可以看到！

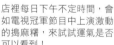

裹了淡淡一層黃豆粉的麻糬外皮香氣十足，紅豆內餡吃來甜而不膩

16:40 ～ 17:00

把烏龍麵用福袋包起來

7 麵鬪庵
Mentouan

✉ 奈良市橋本町30-1 ☎ 0742-25-3581 ⏰ 11:00～15:00 (依季節可能提早關店，週二、三公休) 🚈 近鐵「奈良」站2號出口步行6分 🗺 P.156

鹿斑比形狀的「子鹿烏龍麵」(子鹿うどん)、有著愛神丘比特設計的「キューピット」各有各的特色。喜歡甜食的話，強烈推薦甜點烏龍麵，以烏龍麵製作出冷麵甜點，表現出來的Q勁更為強烈，黑糖與黃豆粉為平凡無奇的麵條增添了多層次的味覺饗宴，有種吃著黑糖麻糬，但卻是更Q彈的冰麵條口感，完全正中甜食愛好者的心啊！

位於近鐵奈良站附近商店街裡，有著一家極具特色的烏龍麵店。招牌「繫綬帶烏龍麵」(巾着きつね)，大大的福袋裡包裹著烏龍麵，沒有多餘的裝飾，撥開豆皮福袋，夾起熱騰騰的烏龍麵，一邊吸著帶有Q勁的麵條，湯頭清淡中透著一點甜味，是相當單純的一道餐點。其他特色餐點如濃郁的「特選咖哩烏龍麵」(特選カレーうどん)、小

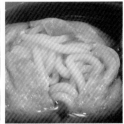

招牌繫綬帶烏龍麵 (巾着きつね)

17:05 ～ 17:30 Goal

超佛心好吃

8 大佛布丁
(まほろば大仏プリン本舗)
Mahoroba Daibutsu Purin Honpo

✉ 奈良市東向中町29 ☎ 0742-23-7515(本店電話) ⏰ 11:00～18:00(週六、日到19:00，不定休) 🚈 近鐵「奈良」站內B1東改札口 🌐 www.daibutsu-purin.com 🗺 P.156

看到瓶蓋上印著的慈祥大佛圖案，才知道大佛布丁真的是「大佛」布丁啊！以玻璃罐盛裝，大佛布丁可是只有在奈良才買得到，也是到奈良必吃的甜點。用湯匙舀到底將軟綿布丁含入口中，以舌尖感受布丁那絹絲般滑順的口感及底層帶有甜苦味的焦糖醬，如此的美味讓人忍不住一口接一口，每每回想起來，還是覺得意猶未盡。大佛布丁在奈良有超過5間分店，奈良主要交通站如JR奈良站、近鐵奈良站內都有設點，甜食控來到這裡一定要買一罐嘗嘗。

使用大量鮮奶油、卡士達製作的原味大佛布丁，以可愛的大佛玻璃瓶裝著

其他推薦

品味四季食材的純粹

春日荷茶屋
Ninaityaya

✉ 奈良市春日野町160 ☎ 0742-27-2718 ⏰ 10:30～16:00(每月公休日查於官網公布) 💲 萬葉粥¥1,100(含稅) 🚌 奈良市巴士「春日大社表參道」站步行5分 🌐 www.kasugataisha.or.jp/h_s_tearoom/ninaityaya 🗺 P.156

點份萬葉粥會附上香甜的小魚乾、味噌漬物和滑嫩可口的煎蛋卷。不過怕酸鹹的話，可能會吃不慣這種重口味的奈良漬

喜歡喝粥的話，一定要來春日大社參道上的這家店，品嘗有名的「萬葉粥」。萬葉粥的概念是從和歌集《萬葉集》中所歌詠的植物及不同時節的食材而來，用昆布高湯及白味噌為湯底，熬煮著每個月份的不同食材，保留了食物的純粹原味，喝來清甜淡雅，米粒也軟硬適宜。可以選擇在和風茶屋內，或是坐到戶外，在清新寧靜的日式造景庭園裡細細品味，感受美好食物與環境所傳遞出的溫馨幸福感。

165

京阪神奈住宿情報

　京阪神奈間交通單程約莫在30～40分鐘，初次前往關西的旅客住宿通常會以京都或大阪等交通方便地點為主，可選擇住在單一城市每日搭車來回，或根據行程需求安排分別住在京都、大阪，但要考慮到是否能接受在人潮擁擠的車站和電車內拖行李。大阪的好處是住宿相對便宜，對於喜歡逛街購物的旅客來說，夜生活豐富，不怕晚上沒地方去；但若是櫻花季、楓葉季來關西，入住京都可省去每日交通來回費用，也有更多時間能停留在景點上。

奢華星級飯店
¥30,000

飯店 / 南海難波車站周邊
Swissotel Nankai Osaka Hotel
(スイスホテル南海大阪)

✉ 大阪市中央區難波5-1-60 ☎ 06-6646-1111 💲 ¥30,000起，可加價添購早餐 📶 免費 🚇 南海難波車站3F改札出口、難波站(地下鐵/阪神/近鐵線)「4號」、「5號」出口 http www.swissotel-osaka.co.jp

　和南海難波車站連接的五星級飯店，交通便利，步行至大阪難波車站也只要10分鐘，想到熱鬧的心齋橋、道頓堀都相當方便。房間頗為寬敞明亮，備有咖啡機和迷你吧，最棒的是從房間便可眺望美麗的大阪市景。

飯店 /JR京都站周邊
Hotel Granvia Kyoto

✉ 京都市下京區烏丸通塩小路下ル ☎ 075-344-8888 💲 ¥29,700起，可加價添購早餐 📶 免費 🚇 京都站「中央改札口」出口右側 http www.granvia-kyoto.co.jp

　位在京都交通樞紐的京都車站內，占盡地利之便，想在京都車站內購物，或想到市區各地都相當方便，飯店有提供免費網路，且附設按摩浴缸、室內游泳池等娛樂設施。

商務舒適飯店
¥8,000 ～ 30,000

飯店 /JR京都站周邊
Daiwa Roynet Hotel Kyoto-Hachijoguchi

✉ 京都市南區東九条北烏丸町9-2 ☎ 075-693-0055 💲 ¥9,000起，可加價添購早餐 📶 免費 🚇 京都站「八条東」出口步行4分 http www.daiwaroynet.jp/zh-tw/kyoto-hachi

　距離京都車站4分鐘，想逛街吃美食都很方便，周圍也有超商。飯店的服務人員相當親切，房間也很乾淨，還附有衣物芳香劑，一整個超貼心。如果有洗衣服的需求，也有自助洗衣機可以使用。

飯店 / JR京都站周邊
Dormy Inn Premium
(天然溫泉 花螢の湯 ドーミーイン PREMIUM 京都站前)

✉ 京都市下京區東塩小路町558-8 ☎ 075-371-5489
💲 ¥11,700起，可購買有含早餐的住宿方案 📶 免費
🏠 京都站「中央改札口」出口步行3分
http www.hotespa.net/hotels/kyoto

離京都車站相當近的天然溫泉旅館，入住期間可到9F的溫泉池放鬆消除一天的疲憊，晚上還有免費的宵夜場可以吃。比較特別的是，房間內附有萬用手機充電器，即使是iPhone也可以充電。飯店提供的早餐是豐富的日式料理，可以在訂房時添購。

飯店 / 地鐵日本橋站周邊
Super Hotel Nanba Nihonbashi
(スーパーホテルなんば・日本橋)

✉ 大阪市中央區日本橋1-20-5 ☎ 06-4397-9000
💲 ¥8,000起(含早餐) 📶 免費 🏠 地下鐵日本橋站「5號」出口步行5分 http www.superhotel.co.jp/s_hotels/nihonbashi/nihonbashi.html

這是在難波日本橋附近一間房價相對便宜的連鎖酒店，交通便利，距離大阪熱門購物娛樂中心道頓堀、心齋橋都不遠。想吃新鮮又便宜的海鮮，旁邊便是黑門市場，更有如同東京秋葉原一般的電器街，相當適合喜歡購物的人。

經濟實惠飯店
¥4,000 ～ 10,000

民宿 / 地下鐵二条站周邊
Higurashi-Sou Guest House (日暮莊)

✉ 京都市上京區主稅町1211 ☎ 075- 406-7946
💲 ¥3,500起，可加價添購早餐 📶 免費 🏠 市巴士「堀川丸太町」站步行6分，地下鐵二条站步行10分
http higurashi-sou.com

想體驗京都傳統建築的話，入住這間京町建築的Guest House是個不錯的選擇。一進門便是日式庭園，古色古香的木造房屋，還有非常傳統的浴室。房間有分和式榻榻米房和洋式床鋪房，房間的每一處都讓人深刻體會傳統京都老建築的味道。由於是Guest House，餐廳、浴室、客廳都是共用的。

膠囊旅館 / 地下鐵難波站周邊
Grand Sauna Shinsaibashi
(グランドサウナ心齋橋)

✉ 大阪市中央區西心齋橋2-8-12 ☎ 06-6213-3870
💲 ¥2,850起 📶 免費 🏠 地下鐵心齋橋站「7號」、「8號」出口步行7分，地下鐵難波站「25號」出口步行5分
http www.grand-sauna.com/shinsaibashi

座落在大阪難波附近的膠囊旅館，除了一般常見的上下層膠囊外，還有提供空間較大的「個室膠囊」，女生的話都是住在個室膠囊，所以也可以住得便宜又安心。和傳統又擠又狹窄的膠囊旅館不同，「個室膠囊」內還有衣櫃、鏡子、桌椅可以使用。

旅遊工具箱

京阪神奈 日常生活資訊

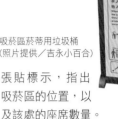

吸菸區菸蒂用垃圾桶
(照片提供／吉永小百合)

訂房網站

來關西旅遊建議事先預訂住宿，尤其櫻花季、楓葉季建議提早2個月以上事先訂，太晚訂不僅房價高，更容易訂不到房，可使用「HotelsCombined」比較各大訂房網最優惠房價，並至「Agoda」、「Hotels.com」、「Booking.com」等國際訂房網或「じゃらん(jalan)」、「樂天」等日系訂房網多比較各住宿價格及評價。

電器

日本的電壓為100伏特，而西日本的頻率是60Hz(東日本的頻率是50Hz)，台灣的吹風機、刮鬍刀等電器大致都可以使用，不需要另外準備變壓器。

插座

日本插座是雙平腳插座，若有圓柱形、三平腳插頭的電器，在日本是無法使用的，建議事先購買三轉二的轉接頭。

時差

比台灣快1小時。

電話撥打方式

◎從日本打回台灣

使用日本室內電話撥打：**日本國際冠碼001+台灣國碼886+區碼(去0)+電話號碼**

如收話者電話號碼為(02)1234-5678，則撥001-886-2-1234-5678

使用手機撥打：先長按手機按鍵上的「+」號+886(台灣國碼)+區碼(去0)+電話號碼

◎從台灣打到日本

台灣國際冠碼002+日本國碼81+受話地區區碼(去0)+電話號碼

抽菸

在日本街上是不能隨便抽菸的，一定要在指定吸菸區。吸菸區多設置在主要車站附近。室內的話會分「吸菸區」跟「禁菸區」，大多在入口處會張貼標示，指出吸菸區的位置，以及該處的座席數量。

飲水

日本自來水都是可以生飲的，在自動販賣機及一般商店也很容易買到瓶裝水。

緊急醫療

日本看醫生非常昂貴，建議若有醫療保險，請向保險業者索取其認定的國外醫院清單，在多數情況下，保險業者會支付醫療費用。若在旅遊時發生身體不舒服的情況，日本藥妝店非常普及，皆可直接購買到一般常用藥品，如感冒藥、胃腸藥等等。

 網路

◎免費上網站點

免費但需特定地點才可使用，且需申請。

優點：許多觀光重要樞紐，如車站，機場或遊客中心通常會有免費的WiFi可以連線，又或各大百貨賣場也會提供。

缺點：連線品質令人不敢恭維。

◎台灣電信業國際漫遊

價格高但最方便，也大概是最簡單的上網方式了。

優點：上網就跟在國內一樣，幾乎不用額外設定，只需在出國前與自己的電信業者開通即可。

缺點：費用較高，若是用量大，回國後可是要付好大一筆帳單費用喔。

◎租WiFi分享器

同行人數多時，可分享共同使用。

優點：上網的方式就跟在家裡或公司接WiFi一般，找到WiFi連線點，輸入密碼後就可以保持連線，一台WiFi分享機可以提供約3～10台的裝置連線，大多數都是吃到飽或是較大的流量額度，適合多人一起出遊時使用。

缺點：機器本身只比手機小一點，會增加隨身行李的重量，若連線裝置較多時，需要準備額外的行動電源，確保一整天都能正常使用。

◎預付sim卡

旅遊天數多就相對越便宜。常見的主要分成2種：1.固定天數內不限用量使用。2.固定流量並有最後使用期限。

設定上是最複雜的一種，除了需要替換原本的sim卡外，還需要另外設定連線閘道(APN)，可以透過手機分享AP(無線網路基地台)，讓另一台裝置連線。

優點：可以根據自身需求購買相對應的方案，若是單人或情侶出遊，是非常經濟划算的選擇。

缺點：由於是替換原有sim卡，所以使用時無法繼續用原有的門號撥接。

各上網方式優缺點比較表

	免費上網站點	國際漫遊上網	預付 sim 卡	WiFi 分享機
費用	免費	高	低	高
連線品質（同一地區比較）	差	普通	視品牌而定	好
設定複雜度	普通	簡單	複雜	普通
適合人數	不限	單人	1～2人	3～10 人
遺失風險	無	無	使用期間避免從手機取出即可	須承擔分享機遺失的賠償 (租用時可加購保險)

(製表／小V)

實用手機APP

tenki.jp 天気・地震など 無料の天気予報アプリ

天氣預報就靠它

　　會通知你所在位置的天氣預報，也可查看日本各地每小時的氣溫、降雨機率等，以便事先規畫隔天的穿著、是否需帶雨具等，另有地震、颱風、海嘯、紫外線情報。

Android APP
QR Code

iPhone APP
QR Code

 Yahoo! 乘換案內

查詢交通方式的好工具

　　可以依照輸入的出發及終點站查詢兩地間的交通方式、時刻、費用及最新交通狀況。查詢的範圍包含了全日本，無論私鐵、地鐵、JR、巴士皆可，若有需要轉乘，也會把詳細交通方式列出來。注意：需到日本當地才可使用。

◎其他類似APP：

　　乘換案內、NAVITIME。

Android APP
QR Code

iPhone APP
QR Code

 Google Map

找路的好幫手

　　將想去的地點輸入後，透過導航，就能幫你規畫交通路線！迷路了也可以透過定位知道所在位置與附近景點、車站。Google也有「Google 我的地圖」，可事先在電腦上使用我的地圖建立此次行程想去的景點，然後在APP叫出「你的地點」，就能方便查詢！

Android APP
QR Code

iPhone APP
QR Code

前往與抵達

緊急聯絡單位

台北駐大阪經濟文化辦事處
地址：大阪府大阪市西區土佐堀1丁目4-8日榮Building 4F
電話：06-6443-8481～7
時間：週一～五09:00～12:00、13:00～18:00
交通指引：地下鐵四つ橋線「肥後橋」站3號出口徒步5分
e-mail：teco-osa@juno.ocn.ne.jp
急難救助專線：
090-8794-4568
090-2706-8277

簽證

◎持中華民國護照者前往日本境內可享90日觀光免簽證，但仍需注意以下幾點：

1.持有效中華民國護照，護照效期在入境當天算起6個月以上。

2.以觀光、商務、探親等短期停留為目的。

3.停留期間不得超過90日。

4.出發地、入境地點無特別限制。

機場通關

◎入境程序：需填妥入境表格、攜帶品申告書，於過海關時提交護照、入境表格，依照指示按指紋、進行臉部拍照。

◎入境攜帶品：日本不可攜帶仿冒商品，以及《華盛頓條約》禁止攜帶的保護動物製品等。植物及肉製品(含火腿、香腸等，不含魚肉製品)等需至檢疫櫃檯提交規定的證明資料並接受檢查。

交通資訊

關西機場往京阪神奈

關西機場往京都

◎搭乘選項：JR、利木津巴士、計程車共乘、南海電鐵(到大阪市區再轉車到京都)。

◎推薦交通方式：

1. JR特急はるか(HARUKA)號：此為往京都車站最快方式，可買「ICOCA&HARUKA券(見P.24)」比較便宜。
2. 利木津(リムジン)巴士：有利於住宿地點在京都車站附近的人，不需帶著行李走太久。可以從關西機場第一航廈1F的8號乘車站，或第二航廈大樓的1號乘車站搭乘，時間根據出發航廈、抵達地點約莫在85分鐘左右，下車地點為JR京都站八条口。

◎關西機場往京都交通示意圖

關西國際機場	特急はるか(HARUKA)號	JR 京都站
	80 分/乘車券 ¥1,910＋特急費用 ¥1,200(不含指定席費用)	
	利木津(リムジン)巴士	JR 京都站 八条口
	85～100 分/¥2,600	

關西機場往大阪

◎搭乘選項：南海電鐵、利木津巴士、JR、計程車共乘。

◎推薦交通方式：

1. 南海電鐵：適合投宿在大阪南部難波(なんば)鬧區一帶的旅客，交通費也比較便宜。分不同列車種類，最快的「特急ラピート」需加上特急料金，但和「空港急行」抵達難波的時間只差5分鐘，若有預算考量，搭乘「空港急行」即可。
2. 利木津(リムジン)巴士：可直接到達大阪站周遭各大飯店(如Herbis Osaka、大阪新阪急酒店等)，若下榻處靠近巴士停車站，選巴士會較方便。關西空港搭乘處位於第一航廈1F、第二航廈1F的巴士站。
3. JR：適合投宿在大阪北部梅田站與新大阪站一帶的旅客，但交通費稍高。大阪站(與梅田站連接)為大阪北區鬧區中心，從關西機場搭乘「JR關空快速列車」至此比較便宜，但時間需70分鐘。關西機場到新大阪，搭乘「JR特急はるか(HARUKA)號」會比較省時，但價格偏貴。

◎關西機場往大阪交通示意圖

關西國際機場	南海電鐵－空港急行	南海電鐵 なんば (難波)
	44 分/¥930	
	南海電鐵－特急ラピート	
	約 38 分/¥920＋特急料金 ¥510	
	JR 關空快速	JR 大阪站
	70 分/乘車券 ¥1,210	
	JR 特急はるか(HARUKA)號	JR 大阪站
	49 分/乘車券 ¥1,210＋特急券 ¥1,200 (不含指定席費用)	
	利木津(リムジン)巴士	大阪站前 (Herbis Osaka/ 新阪急酒店)
	58～73 分/¥1,600	

關西機場往神戶三宮

◎搭乘選項：利木津巴士、南海電鐵、JR、高速船

◎推薦交通方式：

1. **利木津(リムジン)巴士**：從關西機場直達三宮地區最便利的交通方式；無須轉乘。關西空港搭乘處位於第一航廈1F、第二航廈1F的巴士站。

2. **南海電鐵空港線**：可搭至大阪難波轉乘阪神電車；需轉乘。

3. **JR**：可搭JR大阪站轉乘JR神戶線；需轉乘。

4. **高速船**：搭乘高速船則需要轉乘3次以上，不僅交通費高，若遇到海況不佳可能會停駛，因此不太建議。

◎關西機場往神戶三宮交通示意圖

關西國際機場	利木津（リムジン）巴士 65～80分／¥2,000	神戶三宮

Ⓑ 京阪神奈跨城市交通方式

大阪往返京都

◎搭乘選項：往返大阪、京都的交通方式相當多，主要有JR、阪急和京阪電車。

◎依出發點：

1. **大阪北區出發**：JR連接大阪站、京都站，僅需30分鐘車程，但車資相對也較高，阪急則是連接梅田與四条河原町地區，交通費用相對低。

2. **大阪南區出發**：如從難波等地前往京都，可搭乘地下鐵到淀屋橋、北浜，再接京阪電車來往京都出町柳、祇園四条等地區。

◎大阪往返京都交通示意圖

大阪往返神戶

◎搭乘選項：JR、阪急、阪神等3種電車。

◎依出發點：

1. **大阪北區出發**：從梅田(大阪站)來往神戶三宮地區有JR、阪急、阪神3種電車可以選擇，乘車時間約莫半小時左右。

2. **大阪南區出發**：從難波地區前往神戶三宮，要搭乘阪神電車難波線到尼崎轉搭阪神本線，需45分鐘。

◎神戶往返大阪交通示意圖

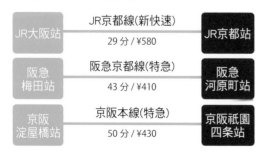

JR大阪站	JR京都線(新快速) 29分／¥580	JR京都站
阪急梅田站	阪急京都線(特急) 43分／¥410	阪急河原町站
京阪淀屋橋站	京阪本線(特急) 50分／¥430	京阪祇園四条站

JR三之宮站	JR神戶線(新快速) 20分／¥420	JR大阪站
阪急神戶三宮站	阪急神戶線(特急) 27分／¥330	阪急梅田站
阪神神戶三宮站	阪神本線(特急) 31分／¥330	阪神梅田站
	阪神本線(特急)→尼崎(換車)→阪神難波線(普通) 45分／¥420	大阪難波站

京都往返神戶

◎搭乘選項：JR、阪急電鐵。

◎依出發點：

1. **京都車站出發**：可搭乘JR京都神戶線的直達特快列車，單程僅52分鐘。

2. **京都河原町出發**：可搭乘阪急電鐵於「十三」站轉乘到「神戶三宮」站，時間約72分鐘。

◎京都往返神戶交通示意圖

JR 京都站	JR神戶線、京都線(新快速) 52分 / ¥1,110	JR 三之宮站
阪急河原町站	阪急京都線(快急) → 十三站 (轉乘)→ 阪急神戶線(特急) 72分 / ¥640	阪急神戶 三宮站

各大電車／電鐵網址

查詢運費、料金、時刻、轉乘資訊，請至下列網址。

JR：www.jr-odekake.net
京阪電車：www.keihan.co.jp/traffic/
南海電鐵：kensaku.nankai.co.jp/pc/N1
近鐵電車：eki.kintetsu.co.jp/norikac/N1
阪神電車：rail.hanshin.co.jp
阪急電鐵：www.hankyu.co.jp

京都、大阪往返奈良

◎推薦交通方式：JR、近鐵電車。京都出發點為「近鐵京都」站，大阪則是「近鐵大阪難波」站。

◎貼心提醒：JR與近鐵電車到奈良的乘車時間差不多，但近鐵車站離奈良市區較近，故建議搭乘近鐵進奈良。

◎京都、大阪往返奈良交通示意圖

1.京都出發

近鐵 京都車站	近鐵京都・奈良線(急行) 45分 / ¥760	近鐵 奈良站
JR京都站	奈良線みやこ路快速(奈良行) 50分 / ¥720	JR奈良站

2.大阪出發

近鐵大阪 難波站	近鐵奈良線(快急) 40分 / ¥680	近鐵 奈良站
JR難波站	大和路線快速(奈良行) 45分 / ¥580	JR奈良站
JR大阪站	大和路快速(加茂行)／奈良行 54分 / ¥820	

京阪神奈市區公共交通工具

巴士・電車

京都的觀光景點散落在各個地區,雖然部分景點也有鐵路連接,但搭乘鐵路的開銷偏高,反倒是巴士幾乎可以到達京都各大觀光景點,以市巴士、京都巴士為主搭配電車移動,加上步行的方式,就可以暢行京都。

大阪交通

市營地下鐵・JR

大阪的交通相當方便,只要搞懂大阪地下鐵及繞行市中央一圈的JR大阪環狀線,就可以在大阪暢行無阻,建議可以購買「大阪周遊卡(詳細介紹請見P.24)」,可享多處景點免費入場、交通無限搭乘。

神戶交通

CITY LOOP觀光巴士・電車

神戶市區的觀光點以三宮車站及元町站為中心,市區內有JR神戶線、阪急電鐵、阪神電鐵、神戶高速鐵道、神戶市營地下鐵等電車串聯,但一般建議若只玩神戶市區景點,搭乘「CITY LOOP觀光巴士」就可以跑遍主要景點,而姬路、有馬溫泉、明石等區域就要搭配電車才能抵達。

◎**貼心提醒**:雖說神戶市區的景點距離並不遙遠,步行約莫10來分鐘皆可抵達,但部分景點周遭為緩坡地形,以CITY LOOP搭配步行,玩起來會比較輕鬆愜意,建議購買「CITY LOOP一日券(見P.27)」,不僅可自由上下車,部分景

點門票還享折扣優惠。

奈良交通

循環巴士

奈良之旅都是從近鐵奈良站或JR奈良站開始,兩站之間步行時間為15分鐘,又以近鐵奈良站距離觀光景點較近。步行是認識古都奈良最好的方式,但若體力不好,或有小孩與長者同行,建議搭乘「循環巴士」。循環巴士停靠點距離春日大社、東大寺、興福寺、奈良町等觀光景點都很近,是最輕鬆的遊覽方式。

奈良交通查詢:www.narakotsu.co.jp

 消費和購物Q&A

Q1 日本消費稅是多少?

Ⓐ 日本的10%消費稅是外加的,購買商品若是標示「稅込」即是含稅,若標示「稅拔」則要另外加上10%的消費稅。

Q2 免稅與退稅的規則?

Ⓐ 購買衣服、包包、鞋子、飾品、餐具、玩具、生活家電、3C產品等可重複性使用的物品,滿￥5,000(不含稅)就可以退稅,且商品可在日本使用。

購買化妝品、保養品、食品、藥品、飲料、酒類、線香、杏菸等消耗品,滿￥5,000(不含稅)就可以退稅,但於辦理免稅手續時,商品會被封裝在密封袋中,直到離開日本後才可拆封使用。

一般物品與消耗品的金額可以合計，只要兩類型商品加起來滿5,000日圓(不含稅)就可以免稅！有「Tax Free Shop」貼紙的商店，通常會有「免稅專用收銀台」，可直接以「不含稅的價格」結帳。而百貨公司會先以「含稅的價格」結帳，再統一到「退稅櫃檯」辦理退稅。

Q3 店家營業時間？

A 日本的商店、百貨公司，除了部分營業時間較長的藥妝店或24小時便利超商以外，通常都是10:00～11:00開始營業，19:00～20:00關門，建議購物行程不要安排太晚。

Q4 折扣季在何時？

A 想在日本買到5折甚至1折的超值折扣商品，一定要把握冬季與夏季折扣季，冬季從1月初開始，1月中來買是最佳時機，部分商家折扣甚至會持續到2月。夏季折扣期間則是從7月中～7月底。

必備行李

文件與財物

文件：護照、機票、證件影本、緊急聯絡電話、行程計畫
財物：信用卡、台幣現金、日幣現金

3C電子用品

相機：相機、電池、充電器、記憶卡
手機：手機、電池、充電器、行動電源
其他：轉換插頭、WiFi分享器、上網Sim卡

個人用品

衣物：貼身衣物、上衣、褲子、襪子、鞋子、帽子、外套
清潔用品：牙刷、牙膏、毛巾、沐浴乳、洗潤髮乳
護膚類：防曬品、保濕保養品
藥品類：感冒藥、腸胃藥、頭痛藥、消炎藥膏、個人藥物
其他：旅遊書、雨具、筆、生理用品

季節穿搭

春秋：春、秋中午熱，但早晚偏涼且常下雨，建議隨身帶防風外套、薄圍巾，冷的時候可以套上保暖。必備：防風外套、圍巾、雨傘
夏季：夏天炎熱，但最好仍帶件薄外套，無論是室外防曬或進入室內吹到冷氣都可套上。必備：短袖上衣、短褲、裙子、薄外套、墨鏡
冬季：冬天很冷，以洋蔥式穿法為佳，但室內暖氣相當溫熱，長袖不要太厚。必備品：保暖發熱衣或大衣、毛衣、羽絨衣、毛帽、圍巾、手套

下飛機 Day by Day 愛上

京・阪・神・奈

作　　　者　飄兒
攝　　　影　飄兒・小V
總 編 輯　張芳玲
發 想 企 劃　taiya旅遊研究室
編輯部主任　張焙宜
企 劃 編 輯　張焙宜
主 責 編 輯　林云也
修 訂 編 輯　賴怡伶、鄧鈺澐
封 面 設 計　許志忠
美 術 設 計　吳美芬
地 圖 繪 製　余淑真
修 訂 美 編　許志忠

太雅出版社
TEL：(02)2368-7911　FAX：(02)2368-1531
E-mail：taiya@morningstar.com.tw
太雅網址：http://taiya.morningstar.com.tw
購書網址：http://www.morningstar.com.tw
讀者專線：(02)2367-2044、(02)2367-2047

出　版　者　太雅出版有限公司
　　　　　　106020台北市大安區辛亥路一段30號9樓
　　　　　　行政院新聞局版台業字第五○○四號

讀者服務專線　TEL：(02)2367-2044 / (04)2359-5819#230
讀者傳真專線　FAX：(02)2363-5741 / (04)2359-5493
讀者專用信箱　service@morningstar.com.tw
網路書店　　　http://www.morningstar.com.tw
郵政劃撥　　　15060393 (知己圖書股份有限公司)

法 律 顧 問　陳思成律師

印　　　刷　上好印刷股份有限公司 TEL：(04)2315-0280
裝　　　訂　大和精緻製訂股份有限公司 TEL：(04)2311-0221

四　　　版　西元2024年02月10日
定　　　價　380元

(本書如有破損或缺頁，退換書請寄至：台中市工業30路1號 太雅出版倉儲部收)

ISBN　978-986-336-384-2
Published by TAIYA Publishing Co.,Ltd.
Printed in Taiwan

國家圖書館出版品預行編目(CIP)資料

下飛機Day by Day,愛上京阪神奈 / 飄兒作.
——四版. ——臺北市：太雅, 2024.02
面；　公分. -- (世界主題之旅；602)
ISBN 978-986-336-384-2(平裝)

1.自助旅行 2.日本關西

731.7509　　　　　　　　　　109002178

填線上回函

下飛機Day by Day
愛上京阪神奈
2024～2025年 新第四版

goo.gl/6qhb2i

編輯室：
本書內容為作者實地採訪資料，書本發行後，開放時間、服務內容、票價費用、餐廳、旅館、大眾運輸交通等，均有變動的可能，建議讀者多利用書中網址查詢最新的資訊，也歡迎實地旅行或居住的讀者，不吝提供最新資訊，以幫助我們下一次的增修。聯絡信箱：taiya@morningstar.com.tw